プロの教師の
すごい
ほめ方
叱り方

佐藤幸司
Koji Sato

学陽書房

まえがき

「どうして先生になったのですか？」
　こんな質問を子どもから受けたことがあると思います。
　みなさんは，何と答えていますか。
　私は，
「たぶん，自分の小学校時代が楽しかったからかな」
と答えることがあります。
　楽しかった日々というのは，自分の居場所があり，自分を認めてくれる大人（親や教師）がいて，分かり合える友達がいた日々であるはずです。

　今，教師として子どもたちの前に立つ自分。
　それは，あの楽しかった日々に，またもどってきた自分なのです。
　あの楽しさを，目の前の子どもたちにも味わわせてあげましょう。
　それには，まず，教師自身が毎日の学校生活を楽しむことです。
　教師が怒鳴り声を張り上げてイライラしていたら，子どもたちだって楽しくありません。
　だから，まず，どんな小さなことでもいいから，子どもをほめてみましょう。

　子どもをほめてみると，ある変化に気づきます。
　いくら注意しても教師のいうことを聞かなかった子が，さっと動き出すことがあります。

それまで自信なさそうにもじもじしていた子が，堂々と自分の考えを発表できるようになることがあります。
　子どもの変化を実感したら，さらにほめ続けましょう。
　一人の子の変化が，まわりの子へいい影響を与えます。
　子どもたちの間に，笑顔が広がります。もちろん，教師の表情にも穏やかさがもどり，教室の雰囲気が温かくなってきます。

　本書には，ほめ方のワザ・ポイント・心すべきこと等，明日からの実践にすぐ役立つ内容を満載しました。
　本当に子どもが伸びる叱り方とは，子どもの欠点を指摘して叱責することではありません。視点を変えて子どものよさを見つけ，そこを逃さずほめることなのです。

　52項の具体的事例を読んでいただければ，すべての教育実践を貫いている"ブレない教師の思い"に気づかれるはずです。
　その思いがあればこそ，教師の言葉は子どもの心に響きます。
　それが，プロの教師のほめ方・叱り方です。

　子どもたちの笑顔あふれる教室のために，本書がお役に立てることを願っています。

2010年2月　　佐藤幸司

目次 ◎プロの教師のすごいほめ方・叱り方

まえがき ●2

第1章 「叱らない」ほうが関係がうまくいく ●9

1 なぜほめるべきなのか ●12
2 叱りたいときほどほめてみよう ●14
3 毎日ほめれば習慣が身につく！●16
4 安心感を与える指導のポイント ●18
5 だって……の後に表れる本音 ●20
6 教師の表情が与える影響 ●22
7 「呼び捨て」に上下関係が表れる ●24
8 「～くん」「～ちゃん」で学級の雰囲気が変わる ●26
9 せっかく出会ったのだから ●28

第2章 問題のある子も「叱らない」からうまくいく ●31

10 けんかが子どもを成長させる ●34
11 けんかの相手に直接言わせる ●36

| 12 | 親に連絡する二つの場合 ●38
| 13 | 卑怯を教える ●40
| 14 | 「学校は行くもの」である ●42
| 15 | 親を敵にまわしてはならない ●44
| 16 | クレームをつける親への対策 ●46
| 17 | ウソや誇張は子どものSOS ●48
| 18 | 話を聞く子にする指導のコツ ●50
| 19 | 始業式の日に心がけること ●52
| 20 | 授業への遅刻がなくなるワザ ●54
| 21 | いっしょに整列　いっしょに出発 ●56
| 22 | あいさつを響かせるワザ ●58
| 23 | 昼食のごみをゼロにするワザ ●60
| 24 | つい手を出す子を止めるワザ ●62
| 25 | 子どもの言葉をキレイにするワザ ●64
| 26 | 生活指導に国語辞典を使おう ●66
| 27 | 「グループ化」を叱らずに解決 ●68
| 28 | 「仲間外し」を叱らずに解決 ●70

第3章 「叱らない」で秩序を保つ！ ●73

- 29 ｜「叱らない」学習のしつけ ●76
- 30 ｜「朝の会」はスピーディーに ●78
- 31 ｜「帰りの会」は「明るく」がポイント ●80
- 32 ｜価値ある競争で子どもは成長する ●82
- 33 ｜席替えはくじ引きで ●84
- 34 ｜子どもに仕事を任せるときのポイント ●86
- 35 ｜友達の発表を静かに聞く子にするコツ ●88
- 36 ｜大事な注意を聞く子になるコツ ●90
- 37 ｜子どもを集中させるワザ ●92
- 38 ｜子どもの意見をつなげる ●94
- 39 ｜つぶやきを拾う ●96
- 40 ｜全員に発表させる ●98
- 41 ｜笑顔が答える ●100
- 42 ｜「読み聞かせ」で集中させる ●102

第4章
成功体験でこそ，子どもは育つ！ ●105

- 43 | 「いじめ」の構造　自分が強くなれ ●108
- 44 | どんな自分になりたいのかを問う ●110
- 45 | うまくいったときのイメージを大切に ●112
- 46 | なぜ発言させるべきなのか ●114
- 47 | 一つの発言で子どもが変わる ●116
- 48 | 行事での成功体験 ●118
- 49 | 「肯定語」と「自分の気持ち」でほめる ●120
- 50 | 「具体的」にそして「才能」をほめる ●122
- 51 | 子どもを勇気づける"とっておきの言葉" ●124
- 52 | 「ありがとう」と言われる人になる ●126

第1章

「叱らない」ほうが関係がうまくいく

「叱られたい」と思っている子はいません。
教師だって,「叱りたい」と思って
叱るわけではありません。
叱り叱られることなど,ないほうがいいのです。
大切なのは,叱り方の技術を身につけることでは
ありません。
あとで叱らなくてもいいような,
事前の指導こそが大切なのです。

なぜほめるべきなのか

> なぜ子どもをほめるべきなのか？
> その根本にある教育的意義を考えてみる。

❶ 入学式後の教室で

　1年生を担当したときのことです。
　入学式を終え，子どもたちといっしょに教室にもどりました。
　保護者の方も，全員，教室の後方にそろっています。
　担任として，あいさつを述べようとしたとき，少し教室がざわついていました。入学式の緊張がとれて，まわりの子とおしゃべりを始めた子がいたのでしょう。
　私は，近くの席に行儀よく座っていた子に，
「おっ，話の聞き方がとっても上手だね」
と声をかけました。
　すると，その一言で，教室内がシーンとなったのです。
「話をやめなさい！」
と叱るのではなく，
「話の聞き方が上手だね」
とほめることで，静かに話を聞こうとする心構えが生まれたのです。

❷ 自尊感情を育てる

「子どもをほめて育てましょう」
　これはよく，耳にする言葉です。

私も，学級懇談会や家庭訪問で，
「お子さんのいいところを見つけて，ほめてください」
と保護者に話すことがあります。
　では，そもそもなぜ子どもをほめて育てるべきなのでしょうか。
　ほめてあげれば，ほめられた子はうれしいし，こちらも悪い気はしません。叱らないでほめていれば，子どもも教師も笑顔になれます。そうすれば，互いにいい気持ちで毎日を過ごすことができるでしょう。
　また，さきほどの例のように，ざわついた教室を一瞬にして静かにさせる効果も，ほめ言葉にはあります。
　でも，本質は，別のところにあります。
　それは，ほめられることによって，自分に自信をもつことができるようになるのです。
　ほめられることで，子どもは，
「自分って，けっこうやれるな」
という思いを抱くようになります。その積み重ねが，自分を好きになり，自分に誇りをもたせてくれるようになります。
　つまり，ほめられることで，自尊感情が育っていくのです。
　「そもそもなぜほめるべきなのか」の理由はここにあります。

 キーポイント 1

**〈自分を好きな子〉に育ってほしい。
だから，ほめるのである。**

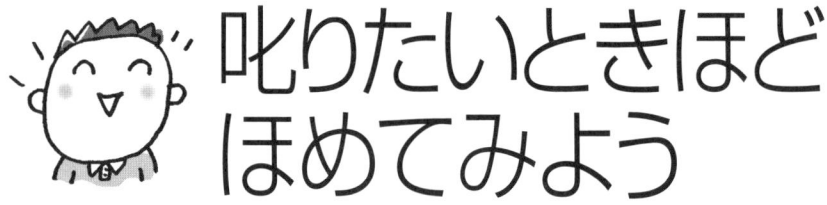
叱りたいときほど ほめてみよう

悪さをしている子が気になる。そんなときは，視点を変えてまわりの子に注目してみる。

❶ 叱りたいときがほめるチャンス

　叱られたいと思っている子は，いません。子どもは，みんなほめられたいと思っています。
　教師だって，叱るよりはほめたいと思っています。
　子どもも教師も，同じことを望んでいるのです。
　だったら，そうしてみましょう。
　朝，あいさつをしない子がいたら，元気にあいさつをしている子をほめます。姿勢がよくない子がいたら，背骨がしゃんと伸びている子をほめます。授業中，おしゃべりをしている子が気になったら，しっかりと教師の方を向いて真剣に話を聞いている子をほめます。
　叱りたくなったときこそ，ほめる材料を捜すのです。

❷ よい行いに注目する

　叱りたくなるような場面に出合ったとき，悪さをしている子にではなく，そのまわりの子に注目してみましょう。
　学級の子全員が悪さをしているわけではないはずです。悪さをしている子ではなく，よい行いをしている子に声をかけます。
　子どもが一番いやなのは，無視されることです。無視されるのがい

やだから，目立つことをします。

　みんなのためになることをして目立ち，注目を集めるのならいいのです。ところが，中には，悪さをして注目を集めようとする子もいます。

　そういう子にかまいっきりになると，子どもは，
「悪いことをすると，先生は自分のことを見てくれるんだな」
といった誤った「学習」をしてしまいます。

　そうなると，その誤った「学習」が他の子にも伝染してしまいます。教室のあっちでもこっちでも，教師の注目を集めようとする悪さが始まります。

　そうならないために，心がけることがあります。

　まず，悪さをしている子は，基本的に無視することです。これを「温かい無視」と呼びます。まわりでがんばっている友達の姿から，自分の取るべき行為を考えさせるための「無視」です。

　そして，よい行いをしている子に，まわりの子にも聞こえるようなほめ言葉をかけます。

　すると子どもは，叱られるようなことをしていては，先生が自分に注目してくれないことに気づいていきます。そして，ほめられたいという思いから，よい行いをするようになります。

キーポイント 2

叱りたくなったときこそ，ほめる材料を探そう！

毎日ほめれば習慣が身につく!

> ほめられたいから,よい行いをする。
> 毎日ほめる材料を作るのも教師の力量!

❶ 日記を毎日書かせる

　私は,宿題として毎日日記を書かせています。
　朝,教室に行くと,私の机の上に日記ノートがきれいに重ねられて置いてあります。整頓されたノートを見て,
「きれいに重ねてあるね。誰がしてくれたの？」
と聞きます。すると,
「はーい」
と手を挙げて自己申告する子もいれば,自分では黙っていて,友達が
「○○ちゃんがやってくれたんだよ」
と教えてくれるときもあります。その子には,
「ありがとう」
の一言をかけます。
　「ありがとう」は,子どもが言われて一番うれしい言葉なのです。
　日記は,毎日ほぼ全員分が提出されています。
　毎日書かせるためには,毎日点検して一筆書いて子どもたちにその日のうちにノートを返さなければなりません。私は,その作業を給食の時間にやっています。
　子どもたちが給食の準備をしている時間,私が自分の食事を終えて子どもたちが「ごちそうさま」をするまでの時間,食器類の後片付け

を終えて清掃が始まるまでの時間，それらの時間で一気に返事を書きます。ほんの一，二文の返事ですが，子どもたちは，それを楽しみにしてくれているようです。

❷ 習慣の心地よさ

日記ノートの整頓も，最初は「先生からほめてもらいたい」という思いで子どもたちはやっています。日記の提出も，「先生から返事をもらいたい」という気持ちが先行して，忘れずに書いているようです。

日記に限らず，何かを毎日続けることはけっして楽ではありません。苦痛を伴うこともあります。だから，最初は，その努力を認めてほめてあげることが大切です。

でも，それを毎日続けていると，やがて習慣となります。習慣は，苦痛をやわらげてくれます。そして，その習慣は，ある心地よさや満足感を自分に与えてくれるようになります。

最初は，「ほめられたい」という思いからのスタートでいいのです。

ほめてばかりいると，ほめられないと何もしようとしない子になる……，などということはありません。ほめられた自信が，次の行動への原動力になっていくのです。

キーポイント ❸

毎日の努力が習慣になるまでほめ続ける。

安心感を与える指導のポイント

ほめる材料がなくても，受け入れることはできる。
教師との関係づくりが，子どもに安心感を与える。

❶ まずは受け入れることから

　ほめることは，簡単そうで実はなかなか難しいものです。
　悪さは目につくけれども，善さはなかなか見えにくいものです。
　そんなときは，まず受け入れてあげましょう。ほめるところまでいかなくてもいいのです。受け入れてあげるのです。
　たとえば，教室で，
「先生，気持ち悪いです……」
と言ってきた子がいたとします。そんなときは，
「何？　先生が気持ち悪いの？」
と軽いジョークで切り返してから，笑顔で額に手を当てます。熱がないようだったら，
「大丈夫みたいだよ」
と話してあげます。これだけのことで，元気になる子が多いのです。
　軽いスキンシップを交えながら，共感的な対応をしてあげます。そうすることで，子どもは，自分が受け入れられていると感じることができます。それは，自分の居場所をそこ（＝学級）に見出すことなのです。

❷ 安心して生活できる学級を

「学級目標」や「クラスのスローガン」には，どんな言葉が入っていますか。一番人気は，「明るく元気」という言葉でしょうか。

もちろん，「明るく元気」は，大事です。暗くて沈んだ学級なんて，考えただけで気分が滅入りそうです。でも，ここで，ちょっと考えてみたいのです。子どもたちが本当に望んでいるのは，「明るく元気」な学級なのでしょうか。実は，そうではないのです。それは，安心して生活できる学級です。

もし，学級に「いじめ」があったら，安心して過ごすことはできません。授業中，自分の発表を静かに聞いてもらえなかったら（おしゃべりなどでざわついていたら），安心して話すことができません。まして，間違った意見を言ったときに，からかわれるような学級では，安心して学ぶことができません。

「明るく元気」という言葉が悪いと言っているのではありません。明るく元気に過ごすためには，その根底に安心感が必要なのです。

安心感は，本来，子ども同士のつながりにおいてもたせていくべきものです。けれども，年度始めの新しい学級集団においては，**まずは担任との関わりの中から，安心感をもたせていくことが大切**です。

キーポイント ❹

**ほめる材料がないときは，受け入れる。
軽いスキンシップと共感的な対応を心がける。**

だって……の後に表れる本音

> 「だって……」。
> この「……」の言葉に耳を傾けてみる。

❶ 子どもの言い分

「子どもを受け入れる」とは，例えば，それは，子どもの話を最後まで聞いてあげることです。叱られると，子どもはよく
「だって……」
という言い訳をします。でも，この**「だって……」の後に続く言葉に子どもの本音が表れます。**教師は，とかく
「だってじゃない！」
と，すぐ子どもの言葉をさえぎってしまいがちです。そこを，急がずに，子どもの言い分も聞いてあげます。

❷ 暴力的な行為への対応

　小学校低学年の子は，「パンチをした」「キックをした」というけんかがよくあります。中には，「かみついた」なんていう野性的な子もいます。そういうときは，まず暴力をふるったことを相手に謝らせます。子どもの言い分を聞くのは，その後です。
　学級で（学校で⇒社会で），暴力は絶対に許されないことをまず自覚させます。その後で，
「何も理由がないのに，暴力をふるうわけはないよね。何かくやしいことがあったのかな」

と聞いてあげます。

　こう聞かれると，たいていのわんぱく坊主は，大粒の涙を流します。乱暴なことをしてしまう子ほど，優しい言葉を待っているのです。

　子どもは，泣きながら，

「だって，Ａ君が，ぼくにいやなことを言ったんだもん」

と訴えます。隣にいるＡ君に，

「何かいやなことを言ったの？」

と聞きます。すると，Ａ君も半べそをかきながら

「うん」

と答えます。

「じゃあ，Ａ君も謝らなきゃね」

　こうして二人は仲直りをします。

　仲直りをするというのは，大切な学習です。

　大人になってからも，険悪になってしまった相手との関係を修復しなければならない場面に出くわすことがあります。そんなとき，小学生時代の仲直りの体験が生きてくるはずです。

　私たちは，子どもをほめてあげられる材料を見つける目をもたなければなりません。そして，同時に，子どもの言い分を受け入れてあげられる心の余裕をもって，子どもに接しなければなりません。

キーポイント 5

**けんかは，仲直りできたことを
ほめるいい機会である。**

教師の表情が与える影響

> 子どもは，教室に入ってきた教師の表情を真っ先に見る。教師の表情で，その日の教室の天気がわかるのである。

❶ 表情が言葉の意味を変える

　人は，不思議なことに，笑いながら誰かを叱ることはできません。
「まったくどうしようもないね」
と，笑って言ってみてください。
「どうしようもない」という言葉が，相手への愛情を含んだ意味になります。
　逆に，怒った顔で言ってみてください。
　すると，この言葉は，相手を軽蔑して見放した意味になります。
表情一つで，言葉の意味さえも違ってくるのです。
　子どもは，教師の表情をよく見ています。

❷ あいさつの声で天気が変わる

　朝，教室に入るときに，
「おはようございます！」
と明るい表情と声で言えば，子どもたちからも元気に
「おはようございます！」
という声が返ってきます。（返ってくるはずです）
　もし，あいさつが返ってこなくても，ここで叱ってはいけません。
あいさつには，笑顔が必要なのです。

だから，さっき以上の明るい声で，
「あれ？　あいさつが返ってこないよ！」
と子どもたちの方を向いて投げかけます。すると，子どもたちから，今度は元気なあいさつが返ってくるはずです。
　翌朝も，同じことを繰り返します。これも，習慣化されるまで繰り返します。習慣化されたら，できるようになったことをまたほめるのです。
　逆に，教師が暗い表情で，または疲れた声で，
「おはよう……」
と言って教室に入ったとします。
　子どもたちは，
「先生，どうしたのかな」
「何か，怒られることでもしたのかな」
と不安になります。
　小学校高学年や中学校では，教科担任の授業があります。ここでも，子どもたちは，敏感に教師の表情から「晴れか曇りか」を察します。特に，気をつけたいのが，前の時間のイライラを引きずらないことです。
　その日の教室の天気を決定するのは，教師の表情なのです。

キーポイント 6

**目指すべきは"笑顔の身だしなみ"
がステキな教師である。**

「呼び捨て」に上下関係が表れる

> 「呼び捨て」には，親愛の情が込められている。
> だが，そこに，子ども同士の上下関係はないだろうか。

❶ 言われていやな呼び方

　小学校1年生に，「大切な名前」をテーマに道徳の授業をしました。

　　　ぼく（わたし）は，みんなから（　　　　）
　　　とよばれています。

　（　）の中に，自分がみんなから何と呼ばれているか書かせます。
全員が書き終えたら，続けて次のように板書します。

　　　でも，ときどき（　　　）とよばれることがあります。

「たぶん，自分のことをさっきとは別の呼び方で呼ばれたことがあるでしょう。それを書いてください」
　すぐに書き始めた子と，考え込んでいる子がいたので，
「少しでも違う呼び方だったら，それを書いていいんだよ」
と話しました。
　書き終えたら，次のように聞きます。
「今書いた二つ目の呼び方は，あなたにとっていやな呼び方ですか，それとも，別にいやではない呼び方ですか」

確かめたところ，33名中，19名（58％）が「いやな呼び方」と答えました。

❷「呼び捨て」がいやだ

「いやな呼び方がある」と答えた子の内訳を見ると，次のようになっていました。

   「呼び捨て」がいや …17名（89％）
   あだ名がいや………… 2名（11％）

「呼び捨て」が親愛の情を表すことがあります。欧米人の場合がそうですし，私も幼なじみや学生時代からの友人とは「呼び捨て」で呼び合っています。
　ところが，子どもの場合は，ちょっと違うのです。
　小学校入学直後は，みんな「〜くん」「〜ちゃん」と呼び合っていたのが，数ヵ月すると，「呼び捨て」を耳にするようになります。
　たいてい，それは腕力の強い男子からおとなしい子に向けて始まります。つまり，**力関係が子ども同士の呼び方に表れるのです。**

※参照：佐藤幸司編著『とっておきの道徳授業』P.81（2001年　日本標準）

キーポイント ❼

**子ども同士の呼び方に注目し，
対等に呼び合っているかどうかを見極める。**

「〜くん」「〜ちゃん」で学級の雰囲気が変わる

> 「呼び捨て」がいやなのだから,やめさせる。
> 「〜くん」「〜ちゃん」をつけると,ある変化に気づく。

❶ どうする!? 「呼び捨て」

　学級の半数以上の子が,「呼び捨てがいやだ」と思っていることがわかりました。さて,どうしたらいいでしょうか。
　一番,手っ取り早いのは,教師が,
「こんなにたくさんの友達が『呼び捨てがいやだ』と思っているのだから,呼び捨てはやめましょうね」
と話すことです。
　これも,効果がまったくないわけでありません。
　子どもたちは,その場では,「はい」と返事をしてわかったような顔をすることでしょう。
　けれども,三日としないうちに,また呼び捨てが"再発"するようになります。教師から一方的に言われた言葉は,右の耳から左の耳へと一方通行で抜けていってしまうのです。
「『呼び捨てをやめなさい』と言われたのを忘れたのですか」
「なぜ先生が言ったことを守れないのですか」
　せっかく子どもたちのためによかれと思って言った言葉が,逆に子どもたちを叱る要因になってしまうこともあります。

❷ 自分たちで決めたことだから

　学級内のルール，特に，友達同士の関わりにおけるルールは，自分たちで決めさせます。正確に言うと，「自分たちで決めたんだ」という流れに教師が導くのです。
「呼び捨てがいやだ」というデータを示した後，子どもたちに，
「わたしたちのクラスでは，これからどうしていったらいいでしょう」
と問いかけます。すると，
「呼び捨ては，やめたほうがいいよ」
「みんな，『くん』や『ちゃん』をつけて呼んだほうがいいよね」
という声が返ってきます。
「じゃあ，今日から，わたしたちのクラスでは，呼び捨てをやめようか」
「賛成！」
　教師からの「やめなさい！」という一方的な指導ではなく，子どもの言葉として引き出します。そうすることで，**子どもたちの心の中に「自分たちで決めたことだから」という意識が芽生えます。**
　子どもたちがお互いに敬称（愛称）で呼び合っているクラスには，温かい雰囲気があります。

「呼び捨て禁止」のルールを子どもたちに決めさせる

せっかく出会ったのだから

> ★ この学校のこの教室で，子どもたちと出会った。
> この奇跡に感謝したい。

❶ 偶然の出会い

　教師になりました。
　この学校に赴任しました。
　このクラスの担任になりました。
　そして，子どもたちと出会いました。
　たくさんの偶然が重なって，奇跡的な確率によって，子どもたちと出会いました。
　せっかく出会ったのだから，「出会えてよかった」と思える1年間にしたい。
　4月の始業式には，そんな気持ちをもって臨みます。
　もちろん，教師の仕事は，平穏な日々ばかりではありません。時には，投げ出してしまいたくなるような困難にぶち当たることもあるでしょう。
　そんなときは，
「こんなことをするために出会ったんじゃない！」
と自分自身に気合を入れます。
　偶然の奇跡的な出会いに感謝の気持ちを持つと，心の底に勇気がわいてきます。

❷ よくなりたい

　子どもたちは，みんな「よくなりたい」と思っています。
　それが，認めてもらえなかったり，ほめてもらえなかったり……，という負の体験が積み重なって，問題行動というゆがんだ形で自分を表現してしまうのです。
　友達とけんかばかりしている子には，
「本当は，仲良くしたいんでしょう」
と話してあげます。すると，子どもは，目に涙をうかべて大きくうなずきます。
　人の物をとったり隠したりしてしまった子には，
「本当はいい子なんだよね。もう，こんなことはやめようね」
という言葉をかけます。**自分のことを認めてもらった子どもは，自分の行為を素直に反省することができるようになります。**
　いつもはいい子なのに，珍しく悪さをしてしまった子には，
「どうしたの，○○くん。○○くんらしくないね」
と語りかけます。子どもは，自分らしく真っ直ぐに生きようという思いを抱きます。
　偶然の奇跡的な出会いに感謝の気持ちを持つと，優しい気持ちで子どもに接することができるようになります。

キーポイント ❾

**出会いに感謝の気持ちをもつ。
それが，自分の心を強く優しくしてくれる。**

第2章 問題のある子も「叱らない」からうまくいく

「どうせ自分なんか……」
これが、叱られてばかりいる子の口ぐせです。
叱られてばかりいる自分がいやになり、
また悪さをして、また叱られる。
この悪循環を
どこかで断ち切らなければなりません。
だから、叱らずに、認めほめるのです。

けんかが子どもを成長させる

> 子どもは，けんかを通して相手の痛みを知る。
> けんかは，子どもの成長過程に必要な体験なのである。

　子どもたちが複数集まると，必ず，どこかでけんかが始まります。
　まだ幼く，自己中心的な考え方が抜けきらない時期の子どもたちです。けんかになるのが当たり前です。
　だから，
「けんかのない学級をつくろう！」
などと，最初から思わないことです。
「けんかがあるのは当たり前。健全な証拠だ」
　けんかに対しては，このぐらいに開き直ったほうがいいのです。

❶ 基本は"けんか両成敗"

「先生，Ａ君とＢ君がけんかをしています」
と言いに来る子がいます。
　様子を聞き，口げんか程度であれば，
「ほうっておいていいよ。けんかは，両方悪いからね」
と話します。
　けったり，たたいたりしているような場合は，二人を呼んで話を聞きます。そして，それぞれの言い分を聞きます。
　話を聞いてみると，たいてい，両方に非があります。そこで，
「よし，わかった。このけんかは，どっちも悪い」
と話します。

こう言われると，けんかをしていた子も，なんとなく納得します。
もし，自分だけが叱られたのなら，子どもには不満が残ります。
でも，「両方悪い」と言われると，一応，自分の主張を認めてもらえたことになり，納得するのです。

❷ そして仲直りへ

けんかはどちらも悪いということを伝えた後は，
「どうする？　まだけんかする？」
と聞いてみます。すると，二人とも，
「もうやらない」
と答えます。
「じゃあ，『ごめんなさい』をしようか」
「悪口言って，ごめんなさい」
「ぼくも，たたいてごめんなさい」
　これで，けんかは一件落着です。
　頻繁にけんかをしている子の場合は，
「けんかにならないためには，どうすればよかったのかな」
と，問いかけます。
　せっかく（？）けんかをしたのです。今日のけんかを例にあげて，友達との関わり方の学習をさせましょう。

キーポイント❿

**けんかは両成敗。
だから，両方の言い分を認めてあげる。**

けんかの相手に直接言わせる

★ 教師にささいなことで"訴え"に来る子がいる。まず，その子を強くしなければならない。

❶「何をしてほしいのか」を問う

　子どものけんかの訴えにも，いろいろあります。A君とB君が，けんかをしたとします。A君が担任のところにやってきました。
「先生，ぼくは何もしていないのに，B君がたたいてきました」
　子どもは，「ぼくは何も（悪いことを）していないのに」という言葉をよく使います。
　こんな場合，自分も何かをしていることが多いのですが，まずは，そこはそっとしておきましょう。ここで，
「じゃあ，先生がB君に話をしてあげよう」
と言って教師が出てはいけません。子どもの訴えに毎回教師が出ていたのでは，子ども自身に問題を解決する力がつきません。まず，
「B君からたたかれたのは，わかった。それで，**君は，先生から何をしてほしいの？**」
と聞きます。この問いかけに対するA君の答えを聞いてから，対応を考えます。

❷ 相手に面と向かって言う

　こう聞かれると，たいていの子は，
「注意してほしい……」

と自信なさそうに答えます。
　自分で自分の思いを相手に言えないから，担任に助けを求めにきたわけです。
「先生が，注意するのは簡単だよ。でもね，これから，友達から何か言われたり何かされたりしたときに，いつも先生から言ってもらうの？　それじゃあ，ダメだよね」
　子どもは，ウンとうなずきます。
「先生が聞いていてあげるから，B君に直接言ってごらん。その方が，B君にも伝わるよ」
　こんな話をした後，B君を呼びます。
　B君は，「先生から叱られるのかな……」と，不安そうな顔をしています。
「A君が，言いたいことがあるんだって。聞いてあげてね」
　A君とB君を向き合わせます。
　　　A君「ぼくのことを今度からたたかないで！」
　　　B君「うん。ごめんね」
　それまで，A君とB君の間には，力の上下関係があったはずです。けれども，こうして**面と向かって相手に文句を言うことで，対等の友達関係ができてくる**のです。

キーポイント 11

言いたいことは，子どもから子どもへ直接言わせる。教師はその場に立ち会い，それを聞いてあげればいい。

親に連絡する二つの場合

> ★ ささいなけんかの解決は，子どもに任せる。
> ただし，親に連絡すべき場合がある。

　仲直りをする経験が大事なのです。
　けんかのたびに教師が前面に出て仲直りをさせていたのでは，子どもはいつまでたっても自分で仲直りができるようになりません。
　ですから，基本的には，けんかの解決は，子ども同士に任せます。
　けれども，次の二つの場合は，親へ連絡をします。

❶ けがと物の破損

　それは，**けがをさせてしまった場合と，持ち物を壊してしまった場合**です。
　学校は，大切な子どもを保護者から預かっています。
　つまり，学校は，子どもの命を預かっているのです。
　預かっている以上，命を守り，安全な生活を保障しなければなりません。ですから，**けがの程度に関わらず，けがをさせてしまった場合はすぐに保護者に連絡をします。**
　その際，事実を正確に伝えます。けんかをした相手，けんかになった理由，けがをした原因，けがの状況……などです。もちろん，大きなけがであれば，保護者から病院に連れて行ってもらったり，学校から直接病院へ連れて行ったりする場合もあります。
　持ち物を壊してしまった場合も同様です。
　物には，購入するためのお金がかかっています。

お金だけでなく，それを買ってくれた親や祖父母の願いも込められています。学用品であれば，「これを使って一生懸命に勉強してほしい」という願いが込められているのです。
　それを壊したのであれば，物の値段に関係なく保護者に連絡をします。そして，相手の親に一言おわびの電話を入れてもらうように話します。

❷ 連絡は先手をうつ

　連絡するときの鉄則は，「先にする」ことです。
「けがをして帰ってきたのですが，どうしたのでしょうか？」
という問い合わせが来てからでは遅いのです。
　連絡がなかったということだけで，親は学校や担任に不信感を募らせます。
　こちらから先に連絡をして，
「ご心配をおかけしました」
という一言を付け加えます。
　そうした親や教師の対応を見ることで，子どもは自分がしてしまったことの重大さに気づいていきます。そして，「もう親や先生に心配をかけたくない」という思いを抱くようになります。

キーポイント 12

**けがや物の破損があった場合は，
双方の親に誠実な対応を迅速に行う。**

卑怯(ひきょう)を教える

けんかにも、やっていいことと悪いことがある。
けんかのルールを考えると、一つの結論が見えてくる。

　けんかばかりしているよりは、仲良くしていたほうがいいのです。
　ここまで、繰り返し「けんかは必要だ」と述べてきましたが、けっしてけんかを奨励しているわけではありません。
　「成長の過程で、ある程度のけんかは必要だ」ということです。
　けれども、やってはならない不要のけんかもあります。

❶ けんかをしてもいい？

　道徳の時間に、「けんか」をテーマに学習しました。
　子どもたちに、次の問いを出します。

　　　　　けんかをしてもいい。　〇か×か？

「けんかをしてもいい」という命題が正しい（真）と思う子は〇を、正しくない（偽）と思う子は×を書くように指示します。
　これは、上学年になるほど、「〇＝正しい」と答える子が多くなります。次のような理由からです。
　　・けんかをして、はじめてわかり合えることもある。
　　・けんかをしても、仲直りできるのが本当の友達だから。
　　・「けんかするほど仲がいい」という言葉もあるから。
「×＝正しくない」と答えた子は、

・けんかをするといやな思いをする。
・けんかでけがをしたら，遊んだり勉強したりできなくなる。
・仲直りができないようなすごいけんかになると大変だ。
という理由からでした。

❷ やって悪いけんかとは？

　こうして考えてみると，「やっていいけんか」と「やって悪いけんか」がありそうです。
　ここで，けんかのルールについて考えてみます。
　子どもたちに，やって悪いけんかの例を発表させました。
・1対2とか，1対3でやること。
・かげでこそこそしていて，仲間にいれないこと。
・後ろからなぐったりたたいたりすること。
　これらを一つの言葉でまとめると，どうなるでしょうか。
「卑怯」です。
　1対複数でやるのは卑怯です。（これは『いじめ』です）
　かげでこそこそやるのは卑怯です。卑怯なけんかはしない。
　これが，けんかのルールです。
　けんかのルールを破ったときが，教師の出番なのです。

キーポイント 13

「やって悪いけんか」の例を引き出す。
それらを，「卑怯」という言葉でたばねる。

「学校は行くもの」である

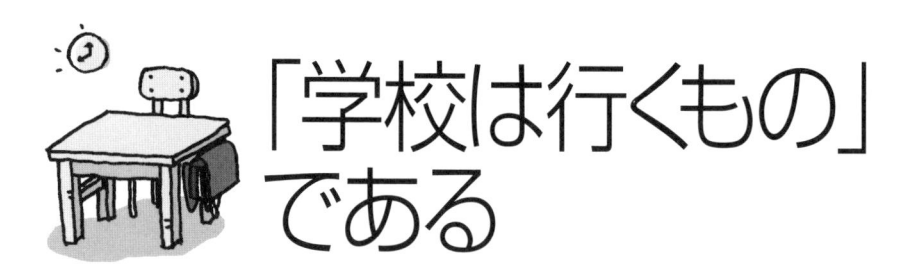

> 不登校児への対応については、さまざまな考え方がある。だが、複雑なことほどシンプルに考えるべきなのである。

❶ 理由を考えるのはやめる

　元気に登校すること。
　これが、親にとっても教師にとっても、一番うれしいことです。
　逆に考えると、子どもから、
「学校に行きたくない」
と言われるのが、一番心配なことなのです。
　子どもが不登校になると、一番心を痛めるのが母親です。
「私の育て方が悪かったのだろうか……」
と自分を責めてしまいます。母親の暗い顔を見て、子どもはますます元気をなくしてしまいます。
　子どもが「学校に行きたくない」と言う理由は、いろいろあるでしょう。けれども、死ぬ思いをするほどのつらい原因（いじめなど）がある場合は別にして、理由をあれこれ考えても仕方がないのです。

❷ 母親、父親、そして担任の出番

　朝、職員室に母親からの電話がありました。
「子どもが『学校に行きたくない』と言って泣いています。どうしたらいいでしょうか」
　こういうときは、

「とにかく子どもを連れてきてください」
と話します。小学校低学年の子であれば，少々強引にでも，母親が連れてくることができます。

よほどの事情がない限り，
「今日はゆっくり休んでエネルギーを蓄えましょう」
などと言ってはいけません。

学年が上がると，だんだんと母親の手には負えなくなります。

そうなったら，父親の出番です。もちろん父親は仕事があるでしょう。朝が無理なら，昼休みにでもいいから，とにかく学校に連れてきてもらいます。

母親の手にも負えない，父親は出張で不在。その時は，担任の出番です。その子の家に，走って（または自転車で）かけつけます。

息を切らして，その子の家に到着です。
「迎えにきたよ。学校に行くぞ！」

これで，たいていの子は，観念します。お母さんから逃れても，お父さんから連れて行かれる。お父さんがいないと先生がやってくる。もう，学校に行くしかありません。

学校は行くものだ。

この信念を曲げないことです。

> **キーポイント 14**
>
> **不登校対策は，母も父も担任も総動員で。
> そうすることが，実は子どもに安心感を与えるのである。**

親を敵にまわしてはならない

> 何かと学校にクレームをつけてくる親がいる。
> そういう親に対する教師の基本姿勢とは？

❶ 最大の策は"ほめること"

　確かに最近はいろいろな親がいます。
　子どもの指導よりも，親への対応で頭を悩ませている教師が増えています。
　親への対応は，たいてい夕方から夜遅く，場合によっては休日に行われます。
　教師は，肉体的にも精神的にもくたくたになります。その結果，肝心の授業どころではなくなってしまいます。
　けれども，どんな親でも敵にまわしてはならないのです。
　子の成長のためには，親の協力が不可欠だからです。
　では，どうすればいいのでしょうか。
　親を敵にまわさないための唯一にして最大の方策は，子どものいいところを見つけてほめることなのです。

❷ 家庭訪問や面談時がチャンス

　我が子の悪いところは，親が一番よく知っています。
　おそらく，小学校入学前の幼稚園や保育園時代から，
「家庭で，こういうことをきちんと教えてください」
というようなことを言われてきたのでしょう。

教育関係者からのクレームを,これまでは親が受けてきたわけです。
　親は,
「今度は,どんな欠点を指摘されるのだろう」
と,最初から構えています。
　そこで,ほめるのです。
　簡単なあいさつを終えたら,第一声でほめます。
　具体的にほめる事例を,家庭訪問や面談時までに,教師はいくつも準備しておきます。
　具体的な行動を話した後は,
「あんなに優しい気持ちをもっているのですね」
というふうに,その子の心の美しさをほめます。
　でも,中には,どうしてもいいところが見つからない子もいるかもしれません。
　そういうときは
「あのニコッとした笑顔を見ると,どうしても憎めませんね」
というふうに,その子の笑顔の奥にある純粋さ・素直さをほめます。
　我が子のよさを認めてもらった親は,教師や学校に対する「不信感」という壁を次第に取り払うようになります。

キーポイント **15**

子どものよさを,具体的行為を示してほめる。そして,その行為の奥にある人間としての美しさをほめる。

クレームをつける親への対策

親からクレームがきたらどうしよう……。
そう悩む前に，やるべきことがある。

❶ 楽観主義のススメ

　保護者からのクレームが何もない時期から，その対応策を考える必要はありません。
　対応策を考えるとは，負の場面を想定して，
「こうなったら，どうしよう」
「どんなふうに保護者に説明しようか……」
とあれこれ思いを巡らすことです。
　負の場面ばかり想定していたら，教師は不安になります。自分の指導に自信がもてなくなります。すると，子どもへの対応にブレが生まれます。
　ある子にはAと言い，ある子にはBと言ってしまうようになります。
　そこが，クレームを受ける原因になるかもしれません。
　そうなれば，教師の心労がますます大きくなります。
　悪循環です。
　だから，
「保護者のクレームなんか，来てしまってから考えればいいさ」
というぐらいの楽観主義がおススメなのです。

❷ 事前に方針を示す

　大切なのは，
「保護者からクレームが来たらどうしよう」
と事後の対策を考えることではありません。保護者からのクレームなど来ないような事前の指導が大切なのです。
　保護者からのクレームで一番多いのは，友達とのトラブルに関することでしょう。
　子どもは，自分が不利益を受けたある一部分だけを親に話します。なぜそういう事態に至ったのかという経過は話しません。
　それを真に受けた保護者がクレームをつけてくる……という場合が考えられます。
　そこで，本章の【キーポイント10〜13】で述べたような**「けんかに対する指導方針」**を，年度のできるだけ早い時期に親に伝えておきます。
　けんかに対する指導を例にあげましたが，他の場合でも考え方は同じです。
　教室の子どもたちは，担任にとっても〈我が子〉なのです。
〈我が子〉のよさを認め，伸ばそうとする担任の思いが保護者に伝われば，クレームをつけてくる保護者はいなくなります。

キーポイント 16

どんな子どもに育てたいのか。
ブレない指導方針をもち，それを親へ伝えておく。

ウソや誇張は子どものSOS

> 一番言いたいことが言い出せない。
> だから，ついウソをついてしまう。

　クレームと相談とでは，言葉としての響きはかなり違います。
　クレームというと，一方的で攻撃的な感じがします。
　相談というと，同一歩調でいっしょに考えていくという感じがします。
　けれども，
「先生，我が子を何とかしてください」
という親の願いは，いっしょなのです。

❶ 親にウソを言う子

　子どもは，親にウソを言うことがあります。
　ウソとまではいかなくても，かなりの誇張表現で自分を被害者にしてしまうことがあります。
「〇〇ちゃんから，こんな意地悪をされた」
「先生から，こんな冷たい言葉を言われた」
　友達のことだけでなく，教師の何気ない言葉を「冷たい言葉」というふうにとらえて，親に訴えることがあります。
　親は，びっくりします。
　ここで，親は，担任に相談します。
　最初から学校に不信感を抱いている親は，攻撃的な感情が加わって，クレームに近い相談になる場合があります。

❷ 親に尋ねる

　ここで，担任は，おどおどしてはいけません。
　逆に，親に尋ねてみましょう。
「私が見ている範囲では，それほど暗い表情をしたり，困ったりという場面はありません。なお，私も気をつけて見てみます。**ところで，○○さんは，何か別のことで不安に思っているようなことはありませんか**」
　すると，
「そういえば，塾で上級生に消しゴムをとられたと話していたことがありました」
と，母親は思い出したように言います。
　子どもは，何か不安なことがあると，親や教師に自分のことを見て欲しいという気持ちになります。
　不安の原因になっていることは，直接言い出しにくいのです。
　そのために，子どもは，別の例をあるときはウソの話を作って，あるときは誇張して親に訴えることがあります。
　そのウソを叱らずに，不安な気持ちのおおもとを親や教師が聞いてあげることが大事なのです。

> **キーポイント 17**
>
> **身に覚えのない相談やクレームが来たときは，
> 子どもが何か別の不安を感じていないかをさぐる。**

話を聞く子にする指導のコツ

> ★ 式の最中におしゃべりやいたずらを始める子がいる。
> そのたびに叱らなくてもいいようにしたい。

儀式的な行事があるたびに，叱られている子がいます。

友達とおしゃべりを始める子。

体がぐらぐら動いて，姿勢が悪くなる子。

自分の手で，ひたすらいたずらをしている子。

誰がそういうことをしてしまいそうなのかは，担任がある程度予想がつきます。

結果，子どもは予想をくつがえしてはくれず，またも叱らなければならない……。これでは，担任としてもむなしいものです。

❶ 小さなめあてをもたせる

「きちんとしなさい」

「立派な態度で式に参加しなさい」

そう言われても，どうすることが「きちんと」していて「立派」なのかをイメージできない子もいます。

そこで，毎週の全校朝会などで，個別の目標を与えていきます。

「校長先生のお話のときは，校長先生の顔を見て話を聞こう」

「今日は，手いたずらをしないようにがんばろう。自分の手は逃げていかないからね。会が終わってから，いっぱいいたずらしていいよ」

「今日の式で，おじぎをするのは3回。それを忘れずにやってみよう」

式の一部分でかまわないのです。その一部分ができたことをほめま

す。式の間，最初から最後まで立派にしているのは，苦痛な子もいます。その中の数分，十数分，数十分でいいから，**小さなめあてをもって臨ませます。**

そして，それができたことをほめます。

次回には，また，ステップアップした目標をもって式に参加できるようになります。

❷ ゴールを意識する

学年のゴールは，3月の修了式（6年生は卒業式）です。
年に一度の大切な儀式の前だけ，
「きちんと話を聞きなさい」
「背筋を伸ばして，いい姿勢でがんばりなさい」
という指導は，本来の指導ではありません。

1年間に全校朝会は何度あるのか。
大切な儀式は，いつあるのか。
そのことを担任はしっかりと意識しながら，1年間を見通した指導を行わなければなりません。

> キーポイント **18**
>
> **少しの努力で実現可能な具体的なめあてをもたせる。そしてできたことを認め，ほめる。**

始業式の日に心がけること

> 長期休みが明けた日。何となく休みモードが抜けない子どもたちへどう接するか。

　長期休みを終え，久しぶりに子どもたちに会いました。特に，夏休み明けの子どもたちは，真っ黒に日焼けして，たのもしく見えます。
　新学期であろうと，前期・後期制であろうと，やはり長期休み明けは，一つの節目です。4月新年度と同じように，新たな気持ちで子どもたちと出会いたいものです。

❶ 小さなことをほめる

　子どもたちに出会ったら，小さなこと・当たり前のことでかまわないので，ほめる材料を探してみましょう。
　長期の休み明けに，学校に来たことをほめます。
「ずっと夏休みだったから，今朝，ねぼうしなかった？」
「ちゃんと早起きしたんだ。えらいね」
　休み中の宿題や作品などを提出したことをほめます。
「忘れ物がないというのは，すごいね。夏休みにがんばった証拠だ。2学期が楽しみだな」
　始業式のために教室を出るときには，一言，心がまえを話します。
「2学期最初の大切な式です。自分で何をがんばるか，決めてから体育館に出発しましょう」
　すると，子どもたちは，
「おじぎをわすれない」

「校長先生の方を見て話を聞く」
「おしゃべりをしない」
というような目標を持って式に臨みます。

そして、始業式の後、目標に向かってがんばったことをほめます。

❶ 新学期の計は始業式にあり

新学期の朝を気持ちよくスタートできると、その日一日を気持ちよく過ごすことができます。

一ヵ月ぶりの掃除を一生懸命にできたら、
「夏休みの間たまっていた埃が、みんなのおかげできれいになりました。ありがとう」
とほめます。

帰りの会では、
「今日は、とってもうれしい日でした。久しぶりにみんなと会えたし、始業式の態度も、宿題の提出も、掃除の仕方も、どれもすばらしかったです」
と、またまたほめます。

きっと、明日もいい日になるでしょう。

キーポイント 19

始業式は、子どものいいところを見つけてほめる日。そう決めて子どもの前に立つ。

授業への遅刻がなくなるワザ

> 行動が遅い子どもにとって一番無意味な言葉。
> それが，「早くしなさい」である。

❶ 時間通りに準備をしている子に注目する

　休み時間が終了して，授業開始の時刻になりました。
　A君が，いません。
「A君は，どうしたのかな」
と，子どもたちに聞いてみます。
「さっきまでいっしょに遊んでいたよ」
「休み時間が終わっても，ボールをけっていたよ」
　事故や事件ではなく，本人のせいで遅れているのであれば，そのまま授業を始めます。授業に遅れてくる子よりも，時間通りに学習の準備をして待っている子を大事にしなければなりません。

❷「あっ，あぶない！」の術

　A君が，5分遅れてやってきました。ここで，こっそり入室させてはいけません。まず，遅れた理由を聞きます。
　子どもは，何かしらもっともらしい理由を言います。
「遅れた理由は，わかった。**じゃあ，遅れないようにするためには，どうしたらよかったのかな**」
と，**自分の行動を振り返らせます。**
「今度から気をつけなさい」ではなく，何をどうすればよかったのか

を具体的に考えさせます。

　以上が，授業に遅れてきた子に対する基本的な対応です。

　でも，たまには，「遊び」を入れてみましょう。

　Ａ君がやってくる前に，子どもたちにこう話します。

「Ａ君が，また遅れているね。よし，みんなでＡ君を驚かしてやろう。先生が，『あっ，あぶない！』と言ったら，みんなは机の下にもぐるんだよ」

　一度，練習をしてみます。

　教室にいる子どもたちは，ワクワクしています。

　Ａ君にばれないように，いつものように（いつも以上に）真剣に勉強をして待ちます。

　Ａ君が，教室に入ってきました。

「あっ，あぶない！」

　子どもたちは，一斉に机の下にもぐります……，１名を除いては。

　Ａ君は，目をまんまるにしてびっくり！

　これが，「あっ，あぶない！」の術です。

「早くしなさい」と100回言われるよりも，１回の「あっ，あぶない！」の方が，子どもの心に残ります。

　ただし，そう何回も使えない術なので，ご注意を。

キーポイント **20**

叱りたくなったときほど，冷静な対応を。
「遊び」も織り交ぜて指導できる余裕をもつ。

いっしょに整列
いっしょに出発

> いっしょに整列できない子も，
> 本当は，いっしょに出発したいと思っている。

❶ 1分間の余裕をもつ

　教室から全員そろって体育館や特別教室に移動するときのことです。みんなが整列して待っているのに，前の時間の片付けが終わらずに，のんびりしている子がいます。

　学習道具の片付けをていねいにしていて遅れているのなら，少し待ってあげましょう。

　ほんの1分間待ってあげれば，その子もいっしょに教室を出発できるはずです。

　1分間というのは，待たされている方にとっては，けっこう長く感じるかもしれません。けれども，次の活動にそれほど影響を与える時間ではないはずです。

　自分（教師）がいらいらしていると，1分間でもとても長く感じてしまいます。つい，
「早くしなさい！」
と声を荒立てたくなります。

　たかが1分間です。

　1分間待ってあげると，さっきまでは並べなかった子が，いっしょに並べるようになるのです。

❷ 並ばない子には……

　けれども，中には，自分から並ぼうとする様子がほとんど見られない子もいます。
　並べないのではなく，並ばないのです。
　"並ばない子"は，自分が整列しないことによって，まわりの友達に迷惑がかかっていることに気づきません。
「並びなさい」
と，きつく言われても，急ぐ様子もありません。
　そのくせ，
「じゃあ，先に行くよ」
と言われると，急に泣き叫んで暴れたりすることもあります。
　自分では，並ぼうとする意識は薄い。
　でも無視されるのはいや。
　そんな子には，
「○○くん，いっしょに行こう」
と話しかけます。さらに，
「みんなもいっしょに行きたいから待っているよ」
と，付け加えてみましょう。
　きっと，その子の行動に変化が表れるはずです。

> キーポイント **21**
>
> **「いっしょに行こう」で子どもの動きが変わる。**

校外学習①

あいさつを響かせるワザ

> 校外学習で，大きな声であいさつをさせたい。
> それには，出発前の"声だし"が効果的である。

❶ 声を出せないのが恥ずかしい

　校内ではもちろん，校外でも大きな声であいさつができる子にしたいものです。

　大きな声を出すには，練習が必要です。

　何も指導をしないで，みんなの前で返事やあいさつをさせると，最初から大きな声を出せる子は，ごく少数です。

　子どもたちは，声を出すのが「恥ずかしい」と思っています。

　けれども，この「恥ずかしい」という感覚が逆なのです。

　やればできるのに，やろうとしない。

　やれる力があるのに，その力を発揮しようとしない。

　そのことが恥ずかしいのです。

　まず，この意識を変えます。

「みんなの前で大きな声を出すのは恥ずかしいかもしれませんが，……」

などと話す教師がいます。違うのです。

　日頃から，

「やればできることをやろうとしないのが恥ずかしいのです」

と，子どもたちに話しておきます。

❷ 声を「的」にぶつける

　校外学習に出かける前に，子どもたちに聞きます。
「今日の校外学習で，気をつけなければならないことは何ですか」
　子どもたちからは，
「交通安全です」
という答えが真っ先に返ってくるでしょう。
「では，行く途中や見学場所でがんばることは何でしょうか」
　これに対しても，すぐに，
「あいさつです」
という答えが返ってくるはずです。
　子どもたちは，頭ではわかっているのです。
　そこで，出発前に大きな声を出す練習をします。
「青空に向かって，『おはようございます』を言いましょう」
「職員室にいる先生方に聞こえる声で，『いってきます』を言いましょう」
……というふうに，声を届ける「的」を示して"声だし"をします。
　大きな声が響いたら，
「いい声ですね。きっと，今日一日，楽しく学習できるでしょう」
と言って出発です。

> **キーポイント ㉒**
>
> **大きな声は，気持ちがいい。
> 声がそろうと，心もそろう。**

校外学習②
昼食のごみを ゼロにするワザ

校外学習での楽しみは，お弁当。
せっかくの楽しい時間を叱らずに過ごす。

❶ よい行いをイメージさせる

　校外学習に出かけたときに，外で食べるお弁当は格別の味がします。でも，お弁当の時間は，ごみを散らかしてしまいやすい時間でもあります。

　つまり，「叱る」という視点からすると，お弁当の時間は叱られやすい時間なのです。

　おいしいお弁当を楽しく食べた後に，
「まわりを見てみなさい。誰ですか，ごみを落としたのは？」
と叱られてしまったのでは，子どもたちもがっかりです。

　そこで，「いただきます」をする前の指導が大切になります。

　子どもたちに，こう問いかけます。
「お弁当を食べるのはおいしくて楽しいよね。でも気をつけなくちゃならないことは何かな」
「ごみが出るかもしれないね。風が吹いたら，友達のおにぎりの包みが飛んでくるかもしれないね。そういうときにどうしたらいいかな」

　すると子どもたちからは，
「自分のじゃなくてもみんなで拾ってあげたらいいと思います」という声が返ってくるでしょう。

　そういう子の発言をほめてあげます。

そして，
「そうすればみんな気持ちいいよね。それができれば，きっとお弁当がますますおいしくなるよ」
と話します。

❷ よい行いができたことをほめる

昼食後のごみの心配（叱られる原因になる事態）を事前に伝えておきます。
そうすると，その話を覚えている子がいます。
話を覚えていて，自分から進んでごみを拾っている子をほめます。
誰かがほめられると，それを見ていたほかの子どもたちもよい行いをするようになります。
子どもたちには，ほめられたいという気持ちがあります。
ほめられることによって，誰かのためになることができる自分を感じることができるのです。
校外学習の昼食時のように，ルールを守らなければならないような場面で事前指導して，できたことをほめてあげます。
ほめられたことが，楽しい思い出の一つになります。

キーポイント 23

**事前指導によって，「叱られる場面」を
「ほめられる場面」へと変えることができる。**

つい手を出す子を止めるワザ

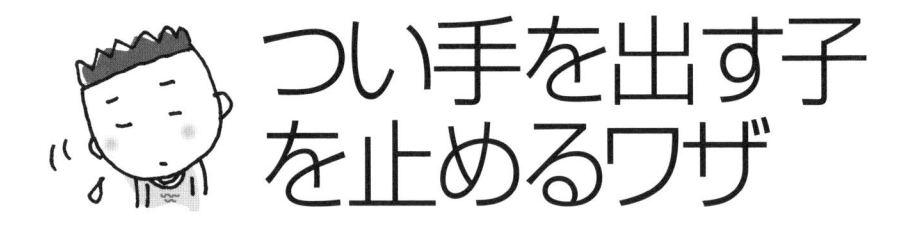

「本当はこんなこと（たたいたりけったり）は，したくない」まず，この思いを受けとめる。

❶ ダメな事はダメと教える

　学級で（学校で⇒社会で），暴力は絶対に許されません。
　このことは，きちんと教えます。
　ダメなことは，ダメなのです。
　叱らないことは，教えないことではありません。
　言葉より先に手や足が出る子にも，言い分はあります。
「悔しかったんだね」
と，その気持ちには共感してあげます。
　けれども，たたいたり，けったりしたことには，共感してはいけません。暴力は，絶対に許されないのです。
　※ただし，社会においても「正当防衛」が認められることがあります。時には実力行使も辞さないという強い意思も必要です。本項で述べているのは，「言葉より先に手や足が出る子」の指導についてです。

❷ 口でけんかしたことをほめる

　ちょっと落ち着いたところで，こう聞いてみましょう。
「けんかをして楽しかった？　友達をたたいて気持ちよかった？」
　子どもは，

「楽しくない。気持ちよくない」
と答えます。
「先生から，『暴力はダメだ』って，いつも言われているよね」
と話すと，
「ぼくだって，本当はたたいたりしたくないのに……」
と言って涙を流す子もいます。子どもが，
「本当は，こんなことしたくないのに……」
という言葉を口にしたときは，その言葉の奥にある優しさをほめてあげます。そして，
「もし，また今度，友達をたたきたくなるような悔しいことがあったら，たたく前に先生に話してね」
と伝えます。

　後日，また友達とけんかになったとき，その子がやって来ました。
「先生，○○君が，僕にいやなことを言いました」
「それは悔しかったね。でも，たたいたりけったりしていないよね」
「はい」
　ここで，暴力を振るわずに口でけんかしたことをほめます。
「先生との約束をちゃんと守れたね」
　暴力を振るわずにけんかができたことが，その子の成長なのです。

キーポイント 24

**手や足を出さずに，口でけんかができたこと。
この少しの成長を認め，ほめる。**

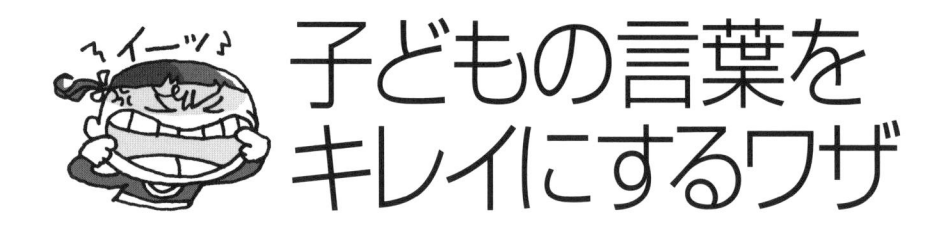

子どもの言葉を
キレイにするワザ

子どもたちの言葉を「汚い」と感じたとき，
国語辞典を使って知的に指導してみよう。

❶ 言葉は心の鏡

　友達関係がうまくいかない子は，たいてい言葉が乱れています。
「てめえ」
「うるせえ」
「ぶっ殺すぞ」
　こうして羅列してみるだけで，こっちまで気分が悪くなります。
　汚い言葉を耳にしたときは，
「言葉が汚いと，心も汚くなるよ」
「きれいな言葉を遣うと，心もきれいになるよ」
と話します。
「汚くたっていいもん」
と悪たれをつく子もたまにいるかもしれません。
　そんなときは，
「そういう汚い言葉をどこで覚えたの？　お母さん（お父さん）に教
えてもらったの？」
というふうに，**「お母さん」「お父さん」**を会話に登場させます。
　生まれたばかりの赤ちゃんは，言葉を知りません。子どもは，日常
生活の中で言葉を習得します。
　最初から，汚い言葉を知っている子はいません。どこかで耳にした

から，その言葉を覚えているのです。

　子どもが遣う汚い言葉は，ほとんどテレビや雑誌，ゲームの世界から発信されたものです。

　心優しい子に育ってほしいと願わぬ親はいません。

　その願いにふれながら，

「そんな言葉を遣っていると，お母さんとお父さんも悲しむよ」

と話します。

❷「ムカつく」と「キレる」

　子どもたちの間で，「ムカつく」「キレる」という言葉が遣われることがあります。

「むかつく」とは，胃腸の調子がよくない状態を表す言葉です。

「きれる」には，複数の意味があります。「堪忍袋の緒が切れる」から転じて，現在，多用されている「キレる」という意味になったのでしょう。

　けれども，「きれる」は，「技がきれる・頭がきれる」というように，本来は〈いい意味〉で使われることが多い言葉なのです。

　こんなときは，国語辞典を引きます。

　そして，日本語本来の正しい意味を知らせます。

　正しい日本語が，きれいな言葉なのです。

キーポイント 25

**汚い言葉を遣ったことを叱るのではなく，
正しい日本語を国語辞典で確認させる。**

生活指導に国語辞典を使おう

> 拾った物をこっそり自分のものにしている子がいたら，「猫糞(ねこばば)」の意味を教えよう。

❶ 生活の乱れには段階がある

　タバコが健康によくないことは誰でも知っています。

　知っているのに，タバコをやめられない大人が大勢います。

　それは，ニコチンという「薬物」に体が支配されているからです。体内でニコチンの濃度が少なくなると，体がニコチンを欲求します。その欲求に負けて，体に悪いと知りながらタバコに火をつけてしまうわけです。悪循環です。

　もう一つ，健康面以外でも，タバコには悪の側面があります。

　それは，生活指導に関わる問題です。

　突然，覚醒剤に走る若者はいません。最初から，シンナーを吸い始める中高生もいません。**始まりは，タバコなのです。**

　タバコを吸い，シンナーを吸い，覚醒剤に走り，人としてボロボロになっていく……というのが，悲しい経路です。

　最初の１本（タバコ）に手を出させないことが，健全な生活を送るために大切なのです。

❷ 万引きにも段階がある

　万引きも，未成年者の喫煙と並んで，大きな問題になっています。

　万引きの語源は，「間引き」です。野菜の生育のために，間を隔て

て抜いてまばらにする意味です。抜き取ることから，「万引き」という言葉になったとされています。

　万引きの前段階として，「ねこばば」があります。
　拾ったものをこっそり自分のものにしてしまうことです。
　教室で拾った鉛筆や消しゴムを
「自分の物だ」
「教室じゃない別の場所で拾った」
などと言う子はいませんか。
「ねこばば」は，漢字でこう書きます。

　　　　　　【　猫　糞　】

　ねこの糞なのです。
　ねこは，糞をしたあとを，砂をかけて隠します。このことから，
「悪いことを隠して素知らぬ顔をすること。特に，拾った物をこっそり自分のものとすること」
という意味で使われます。
「あなたのしていることは，ねこの糞と同じなのですよ」
と国語辞典を使って，子どもに指導します。
　人のものをこっそり自分の物にしてしまうカッコ悪さを，ねこの糞をイメージさせながら教えます。
　猫糞の段階で止めておけば，万引きへとは進まないのです。

キーポイント 26

**国語辞典で語源を調べる。
そして，「カッコ悪さ＝反・美意識」に
気づかせる。**

「グループ化」を叱らずに解決

> 「グループ化」が目だってきたとき，教師の視点をどこにおくか。

❶ 成長段階の一つで済まされないとき

　高学年になると，いくつかのグループができてきます。特に，その傾向は女子に顕著に見られます。

　低学年のときは，男女関係なく遊んでいたのが，次第に異性を意識するようになります。

　同性であっても，性格や趣味によって，気の合う友達やそうではない友達の存在に気づくようになります。

　そう考えると，「グループ化」も，成長段階の一つと言えます。

　けれども，成長段階の一つで済まされない事態が起こることもあります。それは，ある一つのグループだけが凝り固まり，他を排除するようになってきたときです。

❷「カプセル友達」を解体する

　ある特定のメンバーだけで凝り固まっている友達関係を「カプセル友達」と呼ぶことにします。

　風邪薬のカプセルを思い浮かべてください。カプセルの中には，数色の粉薬が混じっています。ちっちゃなカプセルの中で，ごちゃごちゃと混ざり合っています。

　カプセルの中には，誰も入ることができません。他との交流がない

ので，カプセル内の住民は，それ以上の進歩はありません。ひたすら同じメンバーで混じり合っているだけです。

　カプセルは，少しの振動であっという間に崩れてしまいます。カプセルが外れたとたんに，中の粉薬はこぼれ落ちます。

　実に，もろく，カッコ悪い生き方です。

　このように，風邪薬のカプセルを例にして，数名で凝り固まっている「グループ化」がいかにみっともないことであるかを話します。

　カプセルの中だけで生活することで，せっかくの成長のチャンスを逃していることも話します。

　初期の段階であれば，こういう話をしただけで，事態はよい方向へと進んでいきます。

　子どもから，こう聞かれることがあるかもしれません。

「どうして，仲のよい友達といっしょにいるのがいけないのですか」

　そのときは，

「仲のよい友達といっしょにいるのは，悪いことではありません。**他の友達がそこに入れなくなるような雰囲気をつくってしまうことがよくないのです**」

と話します。

　「グループ化」を叱るのではなく，なぜそれが好ましくないのかを話してあげましょう。

> キーポイント **27**
>
> 「グループ化」は，結局，自分自身の成長を妨げる。カプセルを例に，その悪影響を伝える。

「仲間外し」を叱らずに解決

「グループ化」が「仲間外し」へと進んでしまったとき，教師の視点をどこにおくか。

❶ その子に気を配る

それまで，よくいっしょに遊んでいた友達と離れている。
休み時間に，一人でぽつんと席についている。
「仲間外し」にあっている子は，寂しい表情をしています。
「どうした，元気ないね。大丈夫か」
と，あえて明るく声をかけます。

子どもは，できれば自分の力で問題を解決したいと思っています。最初から，悩んでいること・困っていることを根掘り葉掘り教師が聞くことは，いい方法ではありません。まずは，
「先生は，私のことを見ていてくれている」
という安心感を持たせてあげることです。

❷ その場を押さえるのではない

あるグループが一人の子を排除している（仲間外しをしている）という情報をつかんだとき，教師は次のように考えるかもしれません。
　①その具体的場面を押さえる。
　②仲間外しをしているという具体的証拠をもとに，自分たちしている行為の愚かさを指導する（叱る）。
けれども，これは，一時的な対処策にはなっても，解決策にはなり

ません。やり方を一つ間違えると，かえって問題がこじれることもあります。
　では，どうするのか。
　逆の発想をするのです。
　子どもは，24時間悪さをしているわけではありません。仲間外しをしている場面を探すのではなく，みんなでいっしょに楽しく遊んでいる場面を探します。
　学級全員で遊ぶ時間があれば，そこがチャンスです。
　※**週に一度は，学級全員で遊ぶ日を決めておく。これは，問題が起きてから計画するのではなく，係活動として学期の最初から計画しておく。**
　みんなと仲良く遊べば，楽しいのです。数名でカプセルの中に凝り固まっているよりも何倍も楽しいのです。
　その楽しさを実感させ，仲良く遊べたことをほめます。そして，
「みんながいっしょに仲良く遊んでいる様子を見て，先生はすごくうれしかったよ」
と話します。
　子どもたちは，担任のこの言葉で，気づくはずです。
「すごくうれしかったよ」という言葉の裏には，「仲間外しなんてやっちゃだめだぞ」という担任の強いメッセージがあるのです。

キーポイント 28

仲良く遊べた場面を見つけてほめる。
ほめる方が，叱るよりもずっと効果的である。

第3章

「叱らない」で秩序を保つ！

学習が成立するためには，教室内の秩序が保たれていなければなりません。

　秩序が保たれている教室では，子どもが学習のルールを理解し，そのルールを守ろうとします。

　ルールは，お互いが気持ちよく生活できるために存在します。

　だから，叱らずに，認めほめながら，お互いに気持ちよく学級のルールづくりを進めていくのです。

「叱らない」学習のしつけ

「〜しなさい」と言う前に，子どもたちの様子を観察してみる。ルールを守っている子がいるはずである。

❶「はい」という返事

　授業を進めるためには，ルールが必要です。
　それを指導することは，「学習のしつけ」「学習訓練」と呼ばれます。
　まずは，返事の指導です。
　子どもを指名して，名前を呼びます。
　黙って立って（返事をしないで），答える子がいます。
　ここで，すかさず，
「返事は？」
と言いたいところですが，年度初めはちょっとがまんします。
　数名指名していけば，そのうちに，
「はい」
と元気よく返事をして立つ子がいるはずです。
　そこをほめます。
「Aさんの答え方は，今までの子と違っていました。どこが違うか気づきましたか？」
というふうに問いかけます。
「『はい』と，返事をしたことです」
という返答があったら，そこに気づいた子を
「聞き方が上手だね」

とほめます。
　これで，返事をした子と，そのことに気づいた子をほめることができます。そして，さっき返事をしなかった子は，
「名前を呼ばれたら返事をしなければならない」
ということを友達の言動から学ぶことができるのです。

❷ プリントを手渡すとき

　プリントを配布すると，黙って受け取る子がいます。
　机間をまわって一人一人に手渡すと，
「ありがとうございます」
と言って受け取る子が出てくるはずです。
　ここで，またほめます。
「『ありがとう』って言われると，先生もうれしくなるよ」
という言葉もいっしょに伝えます。
「プリントを受け取るときは，『ありがとう』と言う」
というルールを，**教師が直接教えるのではなく，子どもの具体的な行為を認めほめることで教えていきます。**

> **キーポイント 29**
>
> **ルールを子どもの側から引き出す。
> それが，教師の指導である。**

「朝の会」はスピーディーに

> 毎朝行われる「朝の会」。
> だが，授業時間にくいこんだら本末転倒である。

❶「朝の会」を行う意義

　学校生活は，「朝の会」から始まります。始業前に「自主活動」と称するさまざまな活動を行っている学校もありますが，教育課程に位置づけられた正式な教育活動は「朝の会」から始まります。
　では，なぜ「朝の会」を行うのでしょうか。
「朝の会」を行わなければならない理由は，次の二つです。

　① **健康管理**

　　　私たちは，学校にいる間，子どもたちの命を預かっています。ですから，最優先されるべきは，子どもの安全です。そのためには，学習を行う前に子どもの健康状態をしっかりと把握しなければなりません。

　② **連絡事項の確認**

　　　その日の日程を確認したり，注意しなければならないことを子どもたちに伝えたりします。特別教室での学習や集会活動の集合などに遅れてしまうと，それが「叱り，叱られる」原因になってしまいます。また，除草剤散布や通学路付近での道路工事の連絡など，安全面で必要な情報を子どもに伝える場合もあります。

❷ 年間で22時間？

　このように考えると,「朝の会」は,「健康観察」と「先生のお話」だけで十分なのです。
　でも,ちょっとこれだけでは,一日の始まりが少々味気ない気もします。
　それで,多くの教室では,朝の歌やスピーチ,係からの連絡などが組み込まれています。これらは,「行わなければならない活動」ではなく,「行うと何かしら教育的効果がある」と担任が考えて実施している活動です。
　確かに,歌を歌えばさわやかに一日をスタートできます。一人一人がスピーチをみんなの前で行えば,発表力もつくでしょう。けれども,これらすべてを10分間程度の「朝の会」で実施することは,かなり無理があります。
　毎朝,「朝の会」が5分延びたら,1年間（約200日の授業日数）では,1000分間（5分×200日）のロスになります。これを1時間の授業45分間で換算すると,約22時間分のロスになるのです。
　「朝の会」では,実施すべき優先順位を決めます。
　「朝の会」の内容を予定通りに行うことよりも,1時間目の授業を時間通りに実施することの方がずっと大切なのです。

> キーポイント 30
>
> **5分延びたら,年間22時間。
> この数字を念頭において「朝の会」を行う。**

「帰りの会」は「明るく」がポイント

> 「さようなら」の前に行われる「帰りの会」。
> 一日の最後を気持ちよく終えたい。

❶ 「帰りの会」を行う意義

学校生活は,「帰りの会」で終了します。
小学校高学年になれば,さまざまな放課後の活動もあるでしょう。中学校では,その後で部活動があります。
けれども,学級集団としての活動は,「帰りの会」で終了です。
では,なぜ「帰りの会」を行うのでしょうか。
「帰りの会」を行わなければならない理由は,次の二つです。

① **帰り道の交通安全**

「車に気をつけて帰りましょう」

毎日繰り返されるこの一言が大切です。何気ない一言で,気持ちが落ち着くのです。

② **連絡事項の確認**

宿題や明日の予定の確認です。必要事項を連絡帳に書かせます。

❷ 子どもの至福の時間を奪わない

このように考えると,「帰りの会」は,「先生のお話」だけで十分なのです。一日の教育課程では,おそらく10分間程度の時間に位置づけられているはずです。

けれども，そのほかに，当番の話，係からの連絡，一日の反省，帰りの歌など……，たくさんの内容が盛り込まれている教室もあるようです。とても10分間で消化できる内容ではありません。

「帰りの会」は，「朝の会」と同様，時間内でできる内容を実施するのが原則です。

放課後は，子どもたちにとって至福の時間です。遊ぶ約束をしている子もいます。塾や習い事があっても，それまでの時間を友達といっしょに過ごしたいと思っている子もいます。

私のクラスの「帰りの会」は，次のようになっています。

 1 当番から一言（今日，楽しかったことを一文で言う）
 2 係からの連絡（学級全体に関わる連絡があれば伝える）
 3 先生の話（宿題や明日の予定）
 4 「さようなら」

よほどのことがない限り，10分以内で終了する内容です。

「帰りの会」にありがちな「一日の反省」は，やめるべきです。

帰るときに，反省させられたり叱られたりしたのでは，その日の出来事全部が否定されたような気になります。

「明日も元気に会いましょう」

明るく「さようなら」ができれば，それでいいのです。

キーポイント **31**

「帰りの会」では，よかったことだけを一文で短く振り返る。
時間を守り，笑顔で「さようなら」。

価値ある競争で子どもは成長する

> ★ 極端な平等主義は，子どもをひ弱にする。
> 目標に向けた価値ある競争が必要である。

　誰かと競い合うと，「負けたくない！」という気持ちが生まれます。この気持ちをエネルギーに変えて，自分も負けずにがんばります。それが，競争です。

❶ 勝ち負けが大事なのではない

「負けた子がかわいそうだ」
「一人一人のがんばりを認めてあげれば，競争はいらない」
　勝ち負けだけにこだわるから，こういう考え方が出てくるのでしょう。
　子どもは，本来，たくましさを秘めています。
　負けたら，その悔しさをバネにして，次につなげればいいのです。
　誰かと競い合って努力を続けるからこそ，がんばれた自分を実感したり，友だちとの信頼関係が築けたりするのです。
　運動会の徒競走がいい例です。
　一人で100mを走っても，いい記録は出せません。
　友だちと競い合って，1位を目指して走るからタイムが短縮されます。
　ビリになったっていいじゃないですか。
　ビリがいるから1位がいるのです。

❷ 全員が認められる競争

　競争は、スポーツだけの話ではありません。
　学業においても、競争することで互いを高められる場面がたくさんあります。
　例えば、小学校2年生で勉強する「かけ算九九」です。
　九九は、全員が完璧に覚えなければなりません。
　そこで、よく用いられるのが、合格シールです。
　子どもは、最初は合格シールをもらいたくて、友達とシールの数を競争しながら九九の暗唱に取り組みます。
　もちろん、暗唱できるようになるまでには、個人差があります。
　早々と全部の段を合格する子もいれば、途中でつまずきながら進む子もいます。
　でも、九九の暗唱は、努力をすれば全員が合格できるのです。
　最初はシールの数を競っていた子どもたちですが、そのうちに互いに九九を聞き合ったり、いっしょに暗唱したりする様子が見られるようになります。
　こうして、「すべての段を合格する」というゴールに向かって、全員が進んでいきます。
　九九は、努力できた自分を実感できる学習なのです。

キーポイント 32

**自分もがんばった。友達もがんばった。
認め合えるのが、競争のいいところである。**

席替えは
くじ引きで

席替えは，子どもにとって一大事。
でも，「たかが席替え」なのである。

❶ 落ち着きのない子は前？

　教室の前方には，どんな子が座っていますか。
　やはり，落ち着きのない子でしょうか。となると，後方には，学習態度がきちんと身についている子が座っているのでしょうか。
　座席決定の基本は，勉強がやりやすいことです。
　配慮が必要な子は，その子に合った場所にします。
　ですから，落ち着きのない子を教師の目が届きやすい教室前方の席にするという考え方にも一理あります。
　子どもたちに，
「学校には，何のために来ているの？」
と聞いてみてください。ほとんどの子は，
「勉強をするため」
「賢くなるため」
と答えるはずです。
「みなさんは，勉強をして賢い子になるために学校に来ています。だから，座席は，一番勉強がやりやすいように先生が決めます」
　これで，席替えに対する考え方の"筋"は通ります。

❷ 偶然の出会いを大切に

「席替えをします」
と言うと，たいてい子どもたちは喜びます。
　子どもたちは，席替えが好きなのです。子どもたちが好きなこと・楽しみにしていることは，できるだけ頻繁に体験させてあげます。
　席替えも例外ではありません。
　私は，6週間ごとに席替えをしています。1ヵ月ごとでは短いし，2ヵ月ごとでは長く感じられるので，その中間をとっています。
　新しいクラスを受け持つと，最初の2週間ぐらいは出席番号順に座らせます。この時期は，さまざまな提出物や学力検査などもあるので，出席番号順の座席が便利なのです。
　その後の1回目の席替えは，教師が指定します。配慮が必要な子をどこの座席にすべきかを優先して決めます。
　そして，その次からは，くじ引きです。1学期も数週間過ぎれば，学級の雰囲気も落ち着いてくる頃です。くじ引きによる席替えで，偶然の出会いを大切にしていきます。
　もちろん，基本は勉強がやりやすいことです。
「何か問題があったときは，先生が席を決めます」
と，最初に伝えておきます。

> キーポイント **33**
>
> **席替えは，「基本」を崩さずに気軽にやる。**

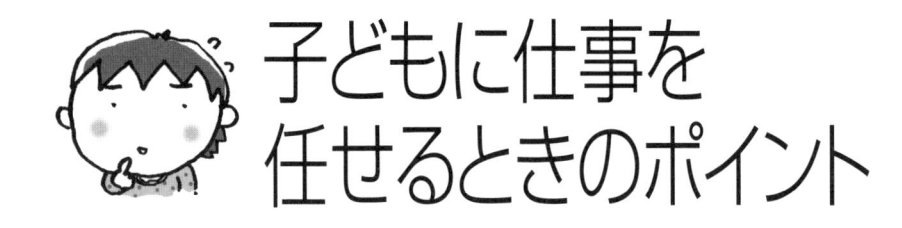

子どもに仕事を任せるときのポイント

> ★ 「任せる！」
> 子どもへの信頼を表す言葉である。

❶ 仕事を「任せる！」

　学級には，いくつかの当番活動があります。
　例えば，給食当番です。
　手洗いを済ませ，身支度をして整列します。
　先頭を歩く子が班長です。
　準備を始める前，班長の子にこう言います。
「○○君が今週の班長だよね。整列，任せたよ」
　言われた子は，
「はい」
と明るく返事をして，はりきって整列の仕事をします。
　　例えば，図書室での読書の時間が終わった後のことです。
　　当番の子（または，近くにいた子）に，
「最後に，もう一度，倒れている本がないかどうか見てきてくれる？
　　最終点検，任せたよ」
と本棚の整理整頓の確認を頼みます。
　頼まれた子は，本棚の間をまわりながら，倒れていたり，さかさまになったりしている本がないかどうかを確かめます。
「先生，見てきました。大丈夫でした」
と，子どもがもどってきたら，

「ありがとう」
の一言をかけます。

❷ 修学旅行の夕食の後で

6年生の修学旅行でのことです。夕食を終え，その後の活動について連絡や諸注意をする時間になりました。

私は，子どもたちにこう話しました。

「先生たちは，みなさんのことを信頼しています。だから，何か困ったことがあっても，少々のことは自分たちで解決してください」

これが，「諸注意」です。

旅館での過ごし方について，子どもたちに任せたわけです。

もちろん，旅館でのマナーなどについては，出発前に指導してあります。その場に及んで，細かい注意は要らないのです。

ただし，こう付け加えます。

「でも，もし，自分たちだけでは解決できない問題が起きたときは，遠慮なく先生に相談してください」

この一言で，子どもは「先生がついている」という安心感をおぼえます。

キーポイント 34

大切なのは，任せる⇔任される，という信頼関係である。

友達の発表を静かに聞く子にするコツ

なぜ話を聞かなければならないのか。
学級づくりとの関わりから考える。

❶ 聞いてもらえない不安

　自分の発表を静かに聞いてもらえなかったら，安心して話すことができない，と書きました。
　子どもたちは，安心して生活できる学級を望んでいます。
　話を聞いてもらうと，自分は受け入れられていると感じることができるのです。
　逆に，話を聞いてもらえないと，子どもは，
「自分は，みんなから無視されている」
という不安を抱きます。
　休み時間や給食の時間などに，友達と会話をする場面があります。これらの日常の会話を「非公式の会話」と呼ぶことにします。
　それに対して，授業中の発言は「公式の会話」です。
「非公式の会話」では，各自，話したいことを自由に話します。
　けれども，自由に話す中にもルールがあります。
　友達の話を聞いて，自分も話すというルールです。自分だけが一方的に話していると，それがけんかの原因になることもあります。
「公式の会話」では，さらにそのルールが厳しくなります。
　話し手と聞き手が明確に分かれます。そして，一人の話し手が，複数の聞き手に向かって話します。

話し手は大きな声ではっきりと話さなければなりません。
聞き手は，話し手の言葉にじっと耳を傾けなければなりません。

❷「静かに！」に代わる言葉を

一人の子が発言しようとしているとき，他の子どもたちが，話を聞かずにざわついていたとします。教師は，何か言葉を発して，子どもたちを静かにさせなければなりません。

「静かにしなさい！」

これが，一番直接的な注意です。たいていの場合，この言葉はかなりきつい口調で言われます。いらいらしている感情が口調に表れてしまうのです。

では，なぜ友達の話を聞かなければならないのでしょうか。

「なぜ？」を問い続けていくと，次の結論に行き着きます。

　友達の話を聞くことは，友達を大切にすることである。

　おしゃべりをしている子には，

「静かにしなさい！」

と注意するだけでなく，

「友達を大切にしようね」

と話してあげましょう。

キーポイント 35

**友達の話を聞くことは，
友達を大切にすることである。**

大事な注意を聞く子になるコツ

> なぜ話を聞かなければならないのか。
> その必要性から考える。

❶ プールに入れない！？

　前項を続けます。
「静かにしなさい」
「話を聞きなさい」
　という，表面の行為だけを叱るのではないのです。
「なぜ？」の部分にも踏み込んだ指導をします。
　プール開き（最初の水泳学習の時間）に，こんな話をしました。

　今日から，みなさんが楽しみにしている水泳の学習が始まります。
でも，プールに入れないときがあります。
それは，次の3つの場合です。
　① **自分の体の調子が悪いとき**
　② **天候が悪いとき**
　③ **先生の話を聞けなかったとき**

　①（体調）と②（天候）のことは，すぐにおわかりと思います。**大事にしたいのは，③（先生の話）です。**
　水泳は，命に関わる学習です。
　残念なことに，細心の注意を払って指導しているはずなのに，学校

現場での水の事故がゼロにはなっていません。

　水の事故を皆無にするためには，まず，子どもたちへの安全面の指導を徹底しなければなりません。

　子どもたちへの指導の多くは，言葉によってなされます。

　つまり，話をきちんと聞けることが，水泳学習の前提なのです。

　大切な話は，プールサイドであっても，プールの中であっても，きちんと聞かなければなりません。話をきちんと聞かないと，命を脅かす危険があるかもしれないのです。

❷ 第１回目終了時にほめる

　というような話をしてから，第１回目の水泳学習を行います。

　子どもたちは，今年初めてのプールに大はしゃぎです。

　けれども，教師の話のときには，水音も立てずに静かに聞くことができるようになります。

　授業終了時に，こう話します。

「みなさんの話の聞き方がとても立派でした。これなら，安心して水泳の学習ができそうです」

　授業終了時にほめられたことが，次の時間にまた生きてきます。

キーポイント **36**

**話を聞かないと，どんな困ったことが起きるのか。
その必要性を話し，切実感を持たせる。**

子どもを集中させるワザ

> 「静かにしなさい！」と言わないで，子どもたちを静かにさせる。

❶ そろって声を出す

　例えば，国語の時間。
　その時間に勉強する物語の題名を黙って板書します。
【　きつねのおきゃくさま　】
　書き終えたら，
「いっしょに読んでみましょう。さん，はい」
と言って，全員に読ませます。
　まだ集中していない子もいるので，全員の声はそろっていません。でも，とりあえず，おしゃべり声はなくなります。
「あれ，声を出さなかった人もいるよ。もう一度，さん，はい」
　これで，全員が声を出すはずです。
　間髪を入れずに，班ごとに読ませる方法もあります。
　今度は，さきほどよりも少人数になるので，一人一人の声を大きくしなければなりません。
　班ごとの音読を終えたら，再び全員に声を合わせて読ませます。
　すると，1回目に読んだときとは，声の大きさも発音の仕方も数段上手になります。
　ここで，
「上手になったね。すごいね」

とほめます。
「静かにしなさい」
と叱るところを，ほめる材料に変えることができるのです。

❷ 突然指名

　例えば，算数の時間。
　一人の子を突然指名します。
　できれは，日頃から大きな声で発表ができている子がいいでしょう。
「M君，昨日の算数の時間は，どんなことを勉強しましたか」
「はい。十の位に繰り上がりのある足し算を勉強しました」
　離れている席の子で，よく聞いていない子がいたとします。
　教師は，その子の近くに行って，
「M君，このへんに，話をよく聞いていなかった子がいるみたいだから，もう一度言ってください」
と話します。
　これで，全員が学習に集中します。
　もちろん，大きな声で発表ができたM君には，ほめことばをかけてあげます。

> **キーポイント 37**
>
> **子どもを集中させるワザをいくつか身につけておく。豊富なワザが実際の場面で生きる。**

子どもの意見をつなげる

> ★ ぼくも，○○さんと同じで△△です。
> 一つの発言が，やがて大きなつながりになる。

❶「同じでーす」をやめる

　教師が発問をします。
　その発問に対して，たくさんの子どもの手が挙がりました。
　教師は，一人を指名します。その子が，答えました。
「○△×です」
　すると，さきほど手を挙げていた子が，一斉に，
「同じでーす」
と答えました。
　確かに，それは，教師の発問に対する正解でした。
　最初に答えた子も正解だったし，後から一斉に答えた子たちも正解だったのです。
　でも，子どもの発表は，ここで，途絶えてしまいます。
　ここは，
「同じでーす」
の声で片づけてはいけません。
「同じでもいいから発表してごらん」
と子どもに話し，発表を続けさせます。
　すると，同じだと思っていても，微妙にニュアンスが違っていたり，新しい視点からの考えが含まれていたりするのです。

そのわずかな違いに教師が気づき，そこをほめてあげます。

❷ 小さなつながりを大事にする

　教師が発問をします。指名を受けた一人の子が，
「○△×です」
と答えました。
　ここまでは，さきほどの例と同じです。違うのは，次の展開です。
「ぼくも，A君と同じで○△×です」
「私も，A君とB君と同じで○△×です」
「私も，A君とB君とCさんと同じで○△×です」
　～君（さん）と同じで，という言い方ができるのは，友達の話を聞いていたからです。まず，そのことをほめます。
　名前を呼ばれたA君，B君，Cさんも，うれしいのです。自分の発表を友達が聞いてくれた証拠なのですから。
　もちろん，「ぼくも，A君と同じで……」という言葉が築くことができるのは，ほんのゆるやかな子ども同士のつながりにすぎません。
　しかし，授業は年間で約1000時間あるのです。
　ほんのわずかなつながりを毎時間築いていったら，それは，太くて確固たる子ども同士の結びつきになるのです。

キーポイント 38

意見のつなぎが，子どもの心をつなぐ。

つぶやきを拾う

> 授業中，子どもたちが思わず口にする言葉。
> この"つぶやき"を授業に生かす。

❶ 発表意欲満々の1年生

　入学当初の一年生は，うるさいぐらいに発言したがります。
　何かを尋ねると，
「はい！　はい！」
と大きな声で返事をしながら手を挙げます。
　自分を指名してほしいという，にぎやかな意思表示です。
　この「はい！　はい！」は，やめさせなければなりません。まわりで考えている子にとっては，この「はい！　はい！」がうるさいからです。
　さて，ここで考えてみたいのです。
　あれほど，発表意欲が満々だった子どもたちが，なぜ学年が上がるにつれ，だんだんと口を閉ざしてしまうようになるのでしょうか。
　もちろん，発達段階もあるでしょう。
　けれども，一番の原因は，私たち教師がそういう指導をしているからなのです。

❷ つぶやきを禁じない

　授業が成立するためには，学習ルールの確立が不可欠です。
　発言をするときは，黙って挙手をします。

指名されたら，返事をして立ち，みんなの方を向いて大きな声で話します。
　発表をするときには，このようなルールを子どもたちに知らせ，守らせることが大事です。
　しかし，子どもたちのつぶやきを禁じてはなりません。
　何かを問いかけたとき，子どもたちが，ごちゃごちゃ話し始めることがあります。これは，それだけ，教師の問いに反応しているということなのです。歓迎すべき事態です。
　つぶやきは、教師の問いに対する素朴な意思表示です。
　学ぼうとする意欲の表れでもあります。
　それを「うるさいから」という理由で禁じてしまうと、次第に子どもは口を閉ざすようになります。
　つぶやきを禁止するのではなく、つぶやきの質を高めることが大切なのです。
　誰かのつぶやきが聞こえたとき，
「〇〇さん，今言ったことをもう少し詳しく話してくれる？」
と，その子に問い返してみましょう。
　授業の核心に関わるようなつぶやきを拾い上げ、授業を展開していくべきなのです。

キーポイント 39

**子どもの素朴なつぶやきを聞き逃さない。
つぶやきへの問い返しで，授業に新たな展開が生まれる。**

全員に発表させる

> 授業中，全員に発表させよう。
> 聞いているより，発表したほうが楽しい。

❶ 二つの発問

　教師の発問は，二つの類に分けることができます。
　一つは，正答を求める発問です。
　AかBかの二者択一を求めたり，算数の計算問題の答えを確かめたりする発問です。
　もう一つは，自分の考えを発表させる発問です。
「あなたは，このことをどう思いますか」
という発問です。
　これは，全員が答えられる発問です。自分の考えを言えばいいのです。
　けれども，中には，自分の考えを発表できずにいる子もいます。
　そういう子には，
「他の人はどう思っているかを聞いているのではありません。あなた（自分）は，どう思っているかを聞いているのですよ」
と，柔らかに話しかけます。
　教師が話している中身は，発言の強制です。だからなおさら，**口調は柔らかにします。**すると，子どもは，
「ぼくは，……と思います」
というふうに，自分の考えを話し出すようになります。

❷ 発表することの心地よさを味わわせる

　まわりから「発言に消極的だ」と思われている子だって，実は，みんなの前で発表したいと思っているのです。

　思っているのにできないのは，臆病なのか，やり方がわからないのかのいずれかです。

　臆病なのであれば，場数を踏ませることです。発言をしなければならない場面を設定し，経験を積ませます。そして，その過程において，**できたことは具体的にほめて自信をつけさせていきます。**

　やり方が分からないのであれば，教えればいいのです。

　例えば，

　　自分の考えを「ぼくは，〜と思います」と短く言う。

　　その後で，そう思った訳を話す，

　という発言の型を教えるのです。

　子どもが言いたい内容を言葉の端々から推測して，教師が代弁してあげてもいいのです。

　そして，子どもが「うん」とうなずいたら，

「なるほど、これもいい考えだね」

と，さりげなくほめてあげます。

キーポイント ❹⓪

"授業中は発表するものだ"という考えを明確にする。
発表の仕方を教え，できたことを認め，ほめる。

笑顔が答える

> 列ごとに発表しているとき,自分の番なのに笑って話をしない子がいた。

❶ 笑ってごまかす?

　全員発表の話を続けます。
　他県の小学校の校内研修会に招かれ,道徳の授業をしたときのことです(いわゆる飛び込み授業です)。
　初めて出会う子どもたち相手の授業です。
　子どもたちの日頃の実態は分かりません。でも,初めての出会いだからこそ,逆に,先入観を持たずに子どもたちと向き合うことができます。
　授業では,1枚のポスターを資料に使いました。
　赤ちゃんの手とお年寄りの手が写っているポスターです。
　このポスターを見て,気づいたことを問いました。
　ポスターを見て,自分が気づいたことを発表する場面です。
　ですから,ここは全員に発表させます。
　列ごとに起立させて,順番に発表させました。
　ある女の子の番(Aさん)になりました。
　Aさんは,ニコッと笑うだけで,発表しようとしません。
　笑ってごまかしているようにも見えます。
　でも,とってもステキな笑顔なのです。
　私は,その笑顔を見て,

「すごくいい笑顔だね。（資料の）おばあちゃん・赤ちゃんもそういういい笑顔なのかな？」
と話しました。
　Aさんは，ますますいい笑顔で頷きました。
　その頷きに私も頷いて，黒板に，
【　笑　顔　】
と書きました。

❷ 先生はわかってくれた

　研修会終了後，伺った学校の先生方との懇親会がありました。
　その席で，こんな話を聞きました。
　帰り際，Aさんと廊下で会った先生が，
「今日の勉強で，笑顔のことをほめてもらえてよかったね」
と声をかけました。すると，Aさんは，
「あの先生はわかってくれた」
と言っていたというのです。
　Aさんは，教科の学習はあまり得意ではない子だそうです。
　Aさんは，言葉ではなくて，笑顔で自分の思いを伝えてくれたのでした。

> キーポイント **41**
>
> **子どもたちの笑顔のために学校があるなら，**
> **笑顔が子どもにとって最高の表現方法なのかも**
> **しれない。**

「読み聞かせ」で集中させる

子どもがなんだか落ち着かない。
そんなときは,「読み聞かせ」の出番。

❶ 絵本の「読み聞かせ」

　行事の前,特に運動会前は,子どもも教師も非常に活動的になります。活動的なのはいいのですが,ややもするとそれが落ち着きのなさにつながってしまうこともあります。
　こんなときにおすすめなのが,絵本の「読み聞かせ」です。
　絵本の「読み聞かせ」というと,低学年のイメージがあるかもしれません。
　でも,そんなことは,ありません。**「読み聞かせ」は,高学年～中学校でも十分使えます。**
　絵本の前に子どもたちを集めます。
　一箇所に集まって腰を下ろすと,教室内に一体感が生まれます。
　この一体感が,子どもたちに安心感を与え,心の落ち着きをもたらします。
　学習の形態からも,落ち着いて学ぶ雰囲気が生まれるのです。

❷ 連続した「読み聞かせ」を

　私は,運動会を前後して,『あらしのよるに』シリーズ（木村裕一／あべ弘士著・講談社）を全7巻,7日間かけて「読み聞かせ」をしました。

おおかみのガブとやぎのメイが友達になる話です。

シリーズを連続して読み聞かせると，子どもたちは続きを聞くのを楽しみにします。本を読みたい（聞きたい）という気持ちが翌日まで（完結する7日後まで）続くのです。

「読み聞かせ」は，何も絵本だけの特権ではありません。文字だけ（言葉だけ）の「読み聞かせ」でもいいのです。絵がなければ，文字通り「読み聞かせ」です。

5年生の道徳副読本に，「銀のろうそく立て」という資料があります。ヴィクトル・ユーゴー作『ああ無情』（レ・ミゼラブル）の一場面を道徳資料にしたものです。

授業の後，私は『ああ無情』の一冊読み聞かせを始めました。

全部で300ページ近くある本だったと思います。「読み聞かせ」を始めて，約1ヵ月で全部を読み終えることができました。

読書は，子どもたちに「よりよい生き方のモデル」を示してくれます。長編の読み聞かせであれば，なおさら，子どもたちは本の世界へと引きこまれていきます。

子どもたちの生活の「あるマイナスの場面」だけを取り上げて叱っても，その場限りの指導にしかならない場合があります。

「読み聞かせ」には，子どもの心をゆったりと安心させてくれるチカラがあるのです。

キーポイント 42

お説教よりも，「読み聞かせ」を。
教師も「読み聞かせ」をいっしょに楽しむ。

第4章

成功体験でこそ、子どもは育つ！

「叱らない」のは,
悪さに目をつぶって無視するということではありません。
それは,よさを「認め,ほめる」ということです。
認められ,ほめられるという体験をした子どもは,
自信を持って前に進んでいけるようになります。
認められ,ほめられるという体験は,
すなわち,
成功体験の積み重ねなのです。

「いじめ」の構造
自分が強くなれ

「いじめ」には，共通する構造がある。
その構造を解体しない限り，解決にはならない。

「いじめ」は，3種類の構成要因によってなされます。
　① いじめる側
　② いじめられる側
　③ まわりにいる傍観者

「いじめ」が発覚すると，教師の目は，どうしても当事者だけにいってしまいがちです。**けれども，傍観者の中にも，「何とかしたい」「こんなことは許せない」と思っている子がいるのです。そういう正義感のある子を，深刻な「いじめ」が起こる前から育てておきます。**

　そのためには，日頃から，「自分は，どんな自分になりたいのか」「自分たちのクラスをどんなクラスにしたいのか」を意識させておくことです。

❶ 構造の解体が必要

「強いもの」が弱いものをいじめるのが，いじめの構造です。
　そこには，力の上下関係が存在しています。
　けれども，「①いじめる側」を指導しただけでは，一時的な対処法にはなっても，解決法にはなりません。その場のいざこざには対処できても，上下関係の構造を崩すまでには至っていないからです。
　解決法は，この構造を解体することにあります。
　相手が弱いと思っているから，「いじめる側」は調子に乗って「い

じめ」を続けるのです。

　弱いものが「強いもの」に対等な態度でものを言ってきたときに、力の上下関係が揺らいできます。

　つまり、「弱いもの」を強くすることが、いじめの構造の解体につながっていくのです。

❷ 自分が成長してこそ

「弱いもの」は、なぜ弱いのでしょうか。

　それは、自分に自信がないからです。

「自信がある、ない」というよりも、「自分の長所に気づいていない」と言った方が正しいかもしれません。

　だからこそ、私たち教師が、その子のよさを認め、ほめ、自分の長所に気づかせていくのです。

　好きなことに熱中している子は、つまらない「いじめ」に付き合おうとはしません。そんなことよりも、もっと大切なことを知っているからです。

「自分には、○○がある」と、自分の得意分野に自信を持っている子は、つまらない「いじめ」を無視します。得意分野にさらに磨きをかけることで、自分自身が強くなっていくのです。

キーポイント **43**

**自分が成長して、前に進む。
「いじめ」の根本的な解決策は、ここにある。**

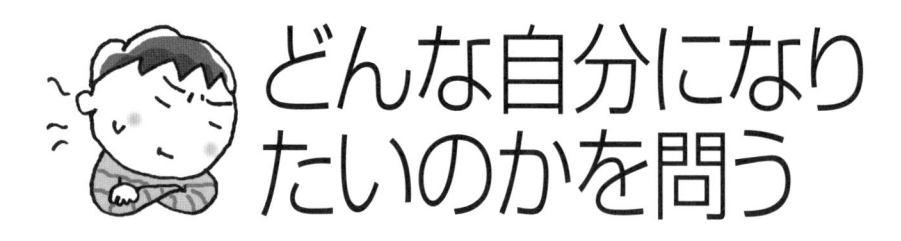

どんな自分になりたいのかを問う

> みんな「よくなりたい」と思っている。
> その願いの実現に向かって進め。

❶ 自分に問いかける

　入学したばかりの1年生に，
「どんな1年生になりたいですか」
と，聞いてみてください，すると，
「りっぱな1年生」
「友達となかよくできる1年生」
という元気な声が聞こえるはずです。
　6年生に，
「下級生から信頼される6年生と，信頼されない6年生，どっちになりたいですか」
と聞いてみてください。全員が，
「信頼される6年生」
と答えるはずです。
　「悪い子になりたい」と思っている子など，一人もいません。子どもたちは，みんな「いい子になりたい」と思っています。
　そんな心の中に抱いている素朴な願いを意識させるために，
「自分は，どんな自分になりたいのか」
を自問させます。

❷ 目指すべき場所を意識させる

「6年生のくせに，その態度は何だ！」
「それでも，6年生か！」

　子どもたちに，つい，こんな罵声を浴びせてしまったことがありませんか。

　きっと，子どもたちが，何か叱られても仕方がないことをしたのでしょう。

　けれども，もし，自分が同じ言葉を言われたときのことを想像してみてください。

「教師のくせに，何だ！」

　自分が悪いことがわかっていても，カチンとくるでしょう。

　同じ感情が，子どもたちにもあるはずです。

「〜のくせに」「それでも，〜か」という言葉は，お互いに不快な感情が残り，教育的な効果はあまり期待できません。

　例えば，掃除の時間であれば，

「君は，しっかり掃除ができて信頼される6年生と，掃除もできないダメな6年生，どっちになりたいの？」
と聞いてみてください。

　叱らずとも，子どもたちの行動に変化が表れるはずです。

キーポイント 44

**子どもたちがみんなもっている
「よくなりたい」という思いを，
教師の問いかけで再認識させる。**

うまくいったときのイメージを大切に

> せっかくうまくいったのだから，
> そのイメージを次につなげていく。

❶ 掃除が素早くできたわけ

　前項に続き，掃除を例にあげます。
　掃除がきちんとできなかったときには，指導が必要です。
「明日から，ちゃんとやります」
などと言う子を，そのまま見逃してはなりません。
「明日からじゃなくて，今日のうちにやりなさい」
と言って，サボった責任の取り方を自分で決めさせます。
　でも，掃除が上手にできたときは，どうでしょうか。
「できなかった」ときには厳しく目を光らせるのに，「できた」ときには意外と何も言葉をかけずに終わっていませんか。
「できた」ときこそが，子どもを成長させるチャンスなのです。
「今日は，とっても掃除が上手にできたね。どうして？」
と聞いてみましょう。
「時間に遅れないで集まって，すぐに掃除を始めたから」
「自分の仕事が終わったら，友達の仕事も手伝ったから」
というような声が返ってくることでしょう。
「時間通りに始めて，協力したから，掃除が上手にできたんだね」
と，教師は，子どもたちの声をいくつかのキーワードでまとめてあげます。

❷ 元気に登校できたわけ

　学校に来られないわけではないのですが，朝泣きながら，親に送ってもらって登校する子がいます。教室に入るまでは大泣きして大変です。でも，一旦，教室に入ってしまえば，その後は落ち着いて生活ができる子が多いようです。
「今朝は，どうして泣いちゃったの？　何がいやだったの？」
と聞いても，子どもは答えられません。理由なんか，わからないのです。
　そうではなくて，元気に登校できた日に，その"秘策"を聞いてみます。
「今日はえらかったね。遅れないで，ちゃんと来られたね。何か，遅れないで来られるいい方法が見つかったの？」
　子どもからは，例えば，
「早起きしたから」
「前の日に時間割をそろえたから」
という返答があることでしょう。
「こうすればうまくいく」というイメージを持たせると，子どもの心の中に自信が生まれてきます。

キーポイント **45**

**「なぜダメだったのか」ではなく，
「なぜうまくいったのか」を考えさせる。**

なぜ発言させるべきなのか

なぜ，授業中の発言が重要視されるのだろうか。
発言させる意義を考える。

❶ 意思表示としての発言

　年に数回の授業参観日。
　親の最大の関心事は，「我が子が授業中に発言したかどうか」です。
　家庭訪問でも，
「授業中，手を挙げて発言していますか？」
という質問を受けることがよくあります。
　学習内容がわかっていなければ，発言はできません。
　その意味からすると，発言回数の多さは，その子がどれだけ理解しているかを判断する一つの目安にはなります。
　けれども，授業中の発言が少なくても，しっかりと内容を理解している子もいます。
　逆に，積極的に発言はするのだけれども，テストをしてみると，それが結果に結びついていない子もいます。
　親も，そのあたりのことは，わかっています。
　発言の回数と学力の定着度は，比例するものではないのです。
　それでも，親は，我が子が発言したかどうかにこだわります。
　なぜなのでしょうか。
　それは，我が子が自分の意志をはっきりと表明できる子に育っているかどうかが心配だからなのです。

❷ 授業中の発言から日常での発言へ

　教師の問いに対して，ほぼ自分の考えがまとまっているのに発言しようとしない子がいます。
「どうして手を挙げて発言しないの？」
と聞くと，多くの子は，
「恥ずかしいから」
と答えます。
「やればできることをやろうとしないことが恥ずかしいのです」と，第22項に書きました。もう少し強い言い方をすれば，できることをやろうとしないことは恥なのです。
　間違った答えを言ってしまったとき，少しは「恥ずかしい」という気持ちも起こるでしょう。でも，それは，恥ではありません。むしろ，がんばった自分をほめてあげられる材料になるのです。
　さらに，子どもたちのこれからの生活場面を考えてみます。
　授業中，自分から発言できないような子が，例えば，何かいやなことを強要される場面に出会ったとき，自分で「いやだ」と言えるでしょうか。**授業中の発言は，子どもたちにとって，正しさを貫き，不正を断る勇気を持ち続けるためのトレーニングでもあるのです。**

> キーポイント **46**
>
> **発言させる意義は，これからの人生をたくましく生きぬく力をつけることにある。**

一つの発言で子どもが変わる

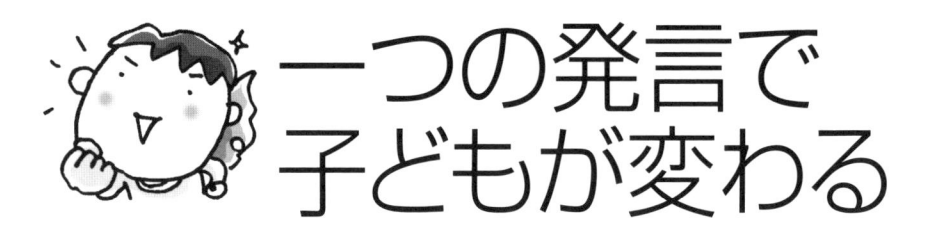

> たった1回の発言が，その子が成長していくきっかけになる。

❶ きっかけはゾウさん

　道徳の時間に，少年と象が向き合って座っている写真を使った授業をしたときのことです。

　転校してきたばかりの女の子（Nさん）が，
「象の下の方に赤ちゃんがいて，お母さん象がミルクを飲ませているんだと思います」
と発言しました。

　Nさんは，きっと何かで（直接であれ，間接であれ），象などの動物が赤ちゃんにミルクを飲ませているという場面を見たことがあるのでしょう。

　自分の経験を資料（写真）に結び付けて，象の親子のふれあいを想像したのです。

　他の子からは出されなかった新しい見方でした。私は，
「なるほど，そういう見方もできるね」
と言って，Nさんの考えを
【　ミルクをのませている　】
と黒板に書きました。

　この発言を経て，Nさんは他の時間にも堂々と自分の考えを発言できるようになりました。

この授業の数日後，国語で『おにたのぼうし』（あまんきみこ作）を学習しました。
「おにたは，黒豆になったのだろうか？」
という問いについて話し合っていたとき，Nさんは，クラスでたった一人だけ，
「おにたは，黒豆になったのではない。もう，人間の世界には居られないことを知って，どこか遠い世界に行ってしまったのだ」
という意見を主張しました。

❷ 認められた自信

　みんなの前で発言するのには，ちょっとした勇気が必要です。最初は，背中を少し押してあげるようなフォローをします。挙手していなくても，目と目が合ったら指名するのもフォローの一つです。
　教師の発問には，「正答を求める発問」と「自分の考えを発表させる発問」があると書きました。
　自分の考えを発表させる発問の場合，出された子どもの意見は，すべて板書してあげます。
　子どもは，黒板に書かれた自分の意見を見て，「自分が認められた」と実感します。それが，自分への自信となるのです。

> キーポイント 47
>
> **自分の意見を先生が黒板に書いてくれた。**
> **それが，子どもにとっては，大きな喜びなのだ。**

行事での成功体験

行事で，一気に"はじける子"が出てくる。
自分のよさに気づくチャンスを逃すな。

❶ 練習時から成功体験を

　事前指導の大切さについては，繰り返し述べてきました。
　行事の当日であれ，練習の時間であれ，子どもを人前に立たせるときには，特に，事前指導が大切になります。
　　　練習なのだから，多少失敗してもかまわない。
　　　失敗を経験して，本番で成功すればいい。
　こういう考えもあるかもしれません。
　陸上競技のリレー種目のように，自分たちだけで練習を重ねていく場合は，練習でいくら失敗してもかまいません。バトンパスがうまくいかなければ，失敗を重ねながらベストの状態にもっていけばいいのです。
　けれども，人前に立つ場合は別です。
　練習のときから，成功体験をさせていきます。
　例えば，運動会の開会式・閉会式の練習です。
　その「練習」のための練習を，前日までにきっちり行います。
　では，まず，何をすべきでしょうか。それは，返事の練習です。
「はいっ！」
という大きな声を空に響かせます。
　その次は，原稿を見ないで，マイクを使わないで言えるように練習

をします。

　本番前の「練習」で、まず、成功体験をさせるのです。そうすれば、本番では、さらにレベルアップした成功体験をすることができるはずです。

❷ 自己採点で目標をはっきりさせる

　秋に学芸会・学習発表会を開催する学校も多いことでしょう。
　発表のための練習は、2週間ほど前から始めます。
　1週目は、役割分担を決めて、パートごとの練習。
　2週目は、全体で合わせた練習を行います。全体練習が始まったら、**子どもたちにその日の状態を自己採点させます。**
　最初の全体練習では、おそらく60点前後の点数になるでしょう。
　そこで、あと40点は何が足りないのかを考えさせます。
　それを共有することで、次の練習の目標がはっきりしてきます。
　発表会前日、
「今日は、最後の練習でした。さて、得点は何点ですか」
と子どもたちに聞いてみましょう。
「もう完璧、100点！」と答える子も出てくるかもしれません。そうなれば、発表会の大成功間違いなしです。

キーポイント **48**

行事に向けた練習の中で、自分たちの成長を意識させていく。それも、成功体験の一つである。

第4章　成功体験でこそ、子どもは育つ！

「肯定語」と「自分の気持ち」でほめる

認めてもらえると，子どもはうれしい。
先生がうれしいと，子どももうれしい。

❶ ほめ言葉でしめくくる

　サッカーの試合をテレビで観戦していると，
「最後は，シュートで終わりたいですね」
という解説をよく耳にします。
　相手チームのボールになるとき，得点は入らなくても最後をシュートで終えると，次の攻撃への士気も高まるのでしょう。
　これを子どもとの会話におきかえると，
「最後は，ほめ言葉で終わりたいですね」
と解説したいところです。
　子どもは，教師のまわりに集まってきて，いろいろな話をします。
　すべてを詳しく聞いてあげる時間はないのですが，「うん，うん」と頷きながら聞いてあげましょう。
　そして，最後に，「へえ，そうなんだ」「それは，よかったね」「がんばったんだね」「大変だったでしょう」「えらいね」「すごいな」という言葉で会話を締めくくります。
　ちょっとした言葉でいいのです。肯定的な言葉をかけてあげます。
　すると，子どもは教師がほめてくれたと感じるのです。
　子どもは，ほめられるとうれしくてニコッとします。
　低学年の子は，

「やった！　先生からほめられた」
と素直に声に出して喜ぶこともあります。

❷ 気持ちを伝える

　子どもをほめるときには，一般的には，その行為を認めて，その行為についてほめます。

　もう一つ，自分の気持ちを伝えて，子どもをほめる方法があります。
「私は，あなたが〜してくれて，うれしい」
という自分の気持ちを相手に伝えるのです。

　手伝いをしてくれた子には，
「先生，とっても助かったよ。手伝ってもらって，うれしいな」
と伝えます。

　また，
「今日の体育の時間に，みんなが一生懸命に走っている様子を見て，先生はとてもうれしくなりました」
というようにクラス全員に思いを伝えることもできます。

　"気持ち"でほめられると，ますますお互いの"気持ち"が深まります。

キーポイント　49

**子どもは，ほめてくれる先生が大好き。
ほめ言葉が，教師と子どもの信頼関係を築く。**

「具体的」にそして「才能」をほめる

> 授業中は，子どもを認めほめる場面の宝庫である。

❶ 細部を具体的にほめる

　ほめ言葉で一番頻繁に使われるのは，「がんばったね」という言葉でしょうか。がんばったことに対して，そのままズバリほめるのが，この言葉です。
「がんばったね」
とほめられると，子どもはニコッとします。
　でも，子どもが笑わないほめ方があります。
　例えば，書写の時間に平仮名の学習をしているときのことです。
　平仮名の「す」は，文字の結び目のところが，まん丸ではありません。少し三角に近いような形をしています。
　子どものノートを点検しているときに，その結び目のところを指差して，一言，
「ここがうまいね」
とほめます。
　こんなとき，子どもは笑いません。
　ちょっと照れたような，何とも言えないいい表情をします。
　子どもは，自分が一生懸命にがんばったところを具体的にほめられると，笑わないのです。

❷ 才能にかかわってほめる

　例えば，算数の図形の学習をしているときのことです。
　複雑な形を正方形や長方形に変形して，面積を求める問題があります。
　ある子が，独自のやり方で面積を求める式を考えました。
　そんなときは，
「すごいね。教科書にも載っていない方法を考えたね」
とほめたあとに，
「○○君は，算数のセンスがいいね。将来，数学者になるかもしれないな」
と話します。算数の問題が解けたことに加えて，その子の才能にかかわる部分をほめるのです。
　他の教科の授業でも，
「運動神経が抜群だね」
「リズム感がいいね」
「物語の深いところまで読めるんだね」
というふうに，その子の才能を認める話をします。
　小学校の先生にほめられたことが，将来の道を決定するきっかけになることもあるのです。

キーポイント 50

**小学校のときの先生が自分にはこんな才能があると言ってくれた。
だから，自分はこの道に進んだのだ。**

子どもを勇気づける"とっておきの言葉"

> ここぞというときに使う"とっておきの言葉"を用意しておく。

❶ 自信をもつとは

子どもは,何かを成し遂げたときに自信をもちます。
ですから,これから何かを行う前に,
「自信をもっていけ!」
と励まされても,実は,それは本当の意味での自信にはならないのです。
誤解のないように述べますが,だからといって,こうした言葉がけが無駄だと言っているのではありません。
例えば,行事での代表あいさつの役目になった子がいたとします。
その子に,行事の直前に,
「自信をもって,あいさつをしましょう」
と声をかけることで,その子は落ち着いてあいさつができるようになります。
これは,「教師の言葉が子どもに自信を与えた」というよりも,むしろ,「教師の言葉によって子どもが勇気づけられた」と考えることができます。
「自信をもって,〜しよう」という言葉には,教師から子どもへの信頼が込められているのです。
子どもは,

「先生が、そう言っているんだから、練習した通りにやれば大丈夫なんだ」
と思います。
　その思いが、自分に勇気を与え、実際の成功体験を通して、子どもは自信をつけていくのです。

❷ だいじょうぶ

　前置きが長くなってしまいました。
　　　　　～　あなたなら、だいじょうぶ　～
これが、子どもを勇気づける"とっておきの言葉"です。
　行事の代表の役に推薦されて迷っている子に、
「〇〇さんだったら、だいじょうぶだよ」
と穏やかに声をかけます。
　大事な発表会の前には、
「みなさんなら、だいじょうぶ。絶対に成功する。自信をもっていきましょう！」
と気合を入れて話します。
　この言葉に勇気づけられて堂々と発表する子たちの姿が、きっと見られることでしょう。

キーポイント 51

「あなたなら、だいじょうぶ」
この言葉を信じて一歩前に踏み出そう。

「ありがとう」と言われる人になる

人は，なぜ勉強するのだろうか。その答えを解く鍵は「ありがとう」という言葉にある。

❶ お金のため？

　そもそも，子どもは，なぜ勉強するのでしょうか。
　私たち教師は（親も含めて），なぜ子どもに勉強をさせるのでしょうか。
　勉強して「いい高校・大学」に進学して，「いい会社」に入り，高給を稼ぐためでしょうか。
　もちろん，生活するためには，お金は必要です。
　生計を支える最低限の収入がなければ，幸せな毎日を過ごすことは困難です。ですから，お金を否定して，
「お金がなくても幸せになれる」
と子どもたちに話すのは，大人の無責任です。
　子どもも，
「そんなこと言ったって……」
という現実を知っています。
　けれども、お金のためだけに勉強するのではありません。
　では、何のために勉強するのでしょうか。
　それは，「ありがとう」と言われる人間になるためです。
　人の役に立ち，人から感謝される仕事をします。つまり，人から「ありがとう」と言われる仕事をします。

そうすれば，生活するためのお金は，自然と入ってくるはずです。

❷ 一番うれしい言葉　〜ありがとう〜

「ありがとう」は，子どもが言われて一番うれしい言葉です。
　誰かのためになれた自分を自覚し，自尊感情を育んでくれる言葉だからです。
　そして，「ありがとう」は，子どもだけでなく，大人になって社会に出た後も，自分を支えてくれる言葉なのです。
　教育の最終的な目的は，命を大切にする子を育てることだと私は考えています。
「どうせ自分なんか！」
などと思っている子が，自分の命を大切にすることはできません。
　自分を大切にできない子が，友達を大切にできるはずはありません。
　素直に「ありがとう」と言える子。
　人から「ありがとう」と言われる子。
「ありがとう」は，子どもを優しく強く育てる魔法の言葉なのです。
　叱り，叱られる言葉の対極にあるのが，「ありがとう」という言葉なのかもしれません。

キーポイント 52

「ありがとう」がいっぱいになったら，きっとみんなが幸せになれる。

★著者紹介

佐藤 幸司（さとう こうじ）

1962年、山形市生まれ。1986年より教職。山形県小学校教諭。「道徳のチカラ」代表。温かみを感じる素材でつくる「ほのぼの道徳授業」を提唱し、独自の主眼による100を超えるオリジナルの道徳授業教材を生み出している。主な著書に、『プロの教師のすごい仕事＆整理術』『プロの教師が教える最高の学級づくり！』『クラスが素直に動き出す！プロの教師の子どもの心のつかみ方』（以上、学陽書房）、シリーズでベストセラーとなっている『とっておきの道徳授業』のほか、『道徳授業は自分でつくる』（以上、日本標準）、『教務主任の仕事術55の心得』『エピソードで語る教師力の極意』（明治図書出版）などがある。

プロの教師のすごいほめ方・叱り方

2010年3月20日　初版発行
2014年5月29日　8刷発行

著　者　佐藤　幸司
発行者　佐久間　重嘉
発行所　学 陽 書 房

〒102-0072　東京都千代田区飯田橋1-9-3
営業部　TEL 03-3261-1111／FAX 03-5211-3300
編集部　TEL 03-3261-1112
振　替　00170-4-84240

装丁／中濱健治
本文フォーマットデザイン／佐藤博
DTP制作／岸 博久（メルシング）
イラスト／大橋明子
印刷／加藤文明社　製本／東京美術紙工

© Koji Sato 2010, Printed in Japan
ISBN978-4-313-65200-2 C0037

※ 乱丁・落丁本は、送料小社負担にてお取替え致します。
※ 定価はカバーに表示してあります。